utb 6131

Eine Arbeitsgemeinschaft der Verlage

Brill | Schöningh – Fink · Paderborn
Brill | Vandenhoeck & Ruprecht · Göttingen – Böhlau · Wien · Köln
Verlag Barbara Budrich · Opladen · Toronto
facultas · Wien
Haupt Verlag · Bern
Verlag Julius Klinkhardt · Bad Heilbrunn
Mohr Siebeck · Tübingen
Narr Francke Attempto Verlag – expert verlag · Tübingen
Psychiatrie Verlag · Köln
Ernst Reinhardt Verlag · München
transcript Verlag · Bielefeld
Verlag Eugen Ulmer · Stuttgart
UVK Verlag · München
Waxmann · Münster · New York
wbv Publikation · Bielefeld
Wochenschau Verlag · Frankfurt am Main

Kompetent lehren
Herausgegeben von Sabine Brendel

Band XV
Nicole Auferkorte-Michaelis/Frank Linde/Maiken Bonnes/Henning Haschke/Annette Hintze
Feedback für den Lehralltag

Nicole Auferkorte-Michaelis
Frank Linde
Maiken Bonnes
Henning Haschke
Annette Hintze

Feedback für den Lehralltag

Lehren und Lernen im Dialog

Verlag Barbara Budrich
Opladen & Toronto 2023

Die Autor*innen:
Dr. Nicole Auferkorte-Michaelis,
Universität Duisburg-Essen
Prof. Dr. Frank Linde, Technische Hochschule Köln
Maiken Bonnes, Universität Duisburg-Essen
Henning Haschke, Universität Duisburg-Essen
Annette Hintze, Universität Duisburg-Essen

Bibliografische Information der Deutschen Nationalbibliothek
Die Deutsche Nationalbibliothek verzeichnet diese Publikation in der Deutschen Nationalbibliografie; detaillierte bibliografische Daten sind im Internet über https://portal.dnb.de abrufbar.

Gedruckt auf FSC®-zertifiziertem Papier

www.budrich.de

utb-Bandnr.	**6131**
utb-ISBN	**978-3-8252-6131-3**
utb-e-ISBN	**978-3-8385-6131-8**
DOI	**10.36198/9783838561318**

Online-Angebote oder elektronische Ausgaben sind erhältlich unter www.utb-shop.de.

Satz: Susanne Albrecht, Leverkusen
Umschlaggestaltung: siegel konzeption | gestaltung
Titelbildnachweis: Yalanskyi, Adobe Stock
Druck und Bindung: Elanders Waiblingen GmbH, Waiblingen
Printed in Germany

Inhalt

1 Einleitung

Jedem zwischenmenschlichen Kommunikationsprozess ist ein Feedback immanent, d.h. es findet eine Rückkopplung bzw. Reaktion auf das Gesagte und Gehörte statt. Somit wird das Feedback zu einem festen Bestandteil zwischenmenschlicher Kommunikation (Schulz von Thun, 2011, 76ff.). Der 1969 von Watzlawick, Beavin und Jackson aufgestellte Grundsatz „Man kann nicht nicht kommunizieren" wird dabei häufig zitiert. Jegliche Äußerung und Handlung – auch Schweigen – haben Mitteilungscharakter, denn „sie beeinflussen andere, und diese anderen können ihrerseits nicht nicht auf diese Kommunikation reagieren und kommunizieren damit selbst" (Watzlawick et al., 1969, 53). Feedback ist also ein Bestandteil jeder zwischenmenschlichen Interaktion. Mit einem so weiten Verständnis von Feedback müsste jegliche Kommunikation in der Hochschule Gegenstand eines Buches sein, das sich mit Feedback beschäftigt.

Um das Vorhaben handhabbar zu machen, erscheint es (uns) daher notwendig, die Nutzung des Feedbackbegriffs einzugrenzen und zu konkretisieren: Im vorliegenden Buch geht es um zielgerichtetes Feedback, das im Kontext des Lehrens und Lernens eine Rolle spielt. Lernen von Studierenden findet in jeder einzelnen Sitzung, jeder Interaktion mit Lehrenden oder Kommiliton:innen und auch in der individuellen Auseinandersetzung mit den Lerngegenständen statt. Feedback wird seitens Studierender und Lehrender benötigt, um selbst eine Einschätzung zu der Qualität der eigenen Leistung entwickeln zu können; es kann das Lernen und das Lehren positiv beeinflussen.

Wir verstehen Lehren und Lernen als einen interaktiven Prozess. Damit der wechselseitige Bezug gelingt, ist es wichtig, dass Lernende ihren eigenen Lernprozess aktiv (mit)gestalten, d.h. dass sie aktiv Fragen stellen, Zusammenhänge herstellen und Feedback von Lehrenden und Peers nutzen können.

Für unseren dialogorientierten Ansatz zur Gestaltung der Lehrpraxis ist die Definition von Hattie & Timperley (2007) ein geeigneter Ausgangspunkt. Sie verstehen Feedback als zielbezogene Information, die Lernende bekommen, um ihren eigenen Lernfortschritt bzw. Lernerfolg einschätzen zu können:

> Feedback is conceptualized as information provided by an agent (e.g., teacher, peer, book, parent, self, experience) regarding aspects of one's performance or understanding. [...] The main purpose of feedback is to reduce discrepancies between current understandings and performance and a goal (Hattie & Timperley 2007, 81, 86).

Feedback in diesem engeren Sinn bezieht sich immer und unmittelbar auf einen Lehr-Lernkontext. Wir unterscheiden zwischen ergebnisorientiertem Feedback, das als summatives Feedback am Ende eines Lehr- oder Lernprozesses steht und formativem Feedback, das Lehren und Lernen begleitet und noch im selben Semester, z.B. für die aktuelle Hausarbeit und Prüfung genutzt werden kann.

Ergänzend sprechen wir wie Hattie und Timberley (2007) von „Feed-Up", wenn eine Verbindung von intendierten Lernzielen, Anforderungen und Beurteilungskriterien zu Beginn einer Lehr-Lerneinheit hergestellt wird. Darüber hinaus arbeiten wir mit einem sogenannten „Feed-In", d.h. einem Feedback, das vor Beginn einer Lehr-Lerneinheit erhoben wird, um eine Klärung der gemeinsamen Voraussetzungen vornehmen zu können.

Für uns steht die Dialogperspektive im Vordergrund. Das bedeutet, dass Studierende wie Lehrende aktiv an Feedback in Lehr-Lernsituationen teilhaben, Feedback geben und sich auf das erhaltene Feedback einlassen, um jeweils ihre Leistungen zu verbessern (Schluer 2022, 17; Carless 2019, 708). Zentrales Anliegen des Buches ist es, Lehrenden Angebote zu unterbreiten, wie sie Feedback einsetzen können, damit Lernende und Lehrende zu Dialogpartner:innen werden, die gemeinsam Verantwortung für den Lehr-Lernprozess übernehmen.

Anstatt Feedback als eine einseitige Mitteilung von Informationen zu betrachten, verstehen wir Feedback als Dialog zwischen den beteiligten Akteur:innen in Interaktionen. Es geht darum, eine respektvolle und offene Haltung einzunehmen, in der alle beteiligten Personen aktiv zuhören, Fragen stellen und ihre Perspektiven teilen können. Diese Dialogperspektive schreibt den Studierenden eine aktive Rolle zu, Feedback für den eigenen Lernerfolg einzusetzen und auch nutzen zu können. Daher wird der Umgang mit Feedback zu einer, im Englischen als „Feedback-Literacy" (Nieminen & Carless, 2022) bezeichneten, notwendigen Kompetenz für das Lehren und Lernen. Bei der Entwicklung der „Feedback-Literacy" geht es darum, ein Verständnis dafür zu entwickeln, wie Feedback gegeben wird, wie es interpretiert und genutzt werden kann, um die eigenen Fähigkeiten und Leistungen zu verbessern.

Im ersten Teil des Buches „Feedback für den Lehralltag" (Kapitel 2–6) werden anwendungsbezogene Grundlagen skizziert. Die (klassische) Lehrveranstaltungsevaluation ist Gegenstand des 2. Kapitels. Feedback der Lehrenden auf die Leistungen der Studierenden (also im Format von „Prüfungen" oder „Leistungsnachweisen") steht im Fokus des 3. Kapitels. Peer-Feedback in der Gruppenarbeit wird in Kapitel 4 thematisiert. Im 5. Kapitel geht es dann um die Selbstreflexion für Lehrende durch kollegiales Feedback. Im zweiten Teil des Buches (Kapitel 7) werden konkrete Beispiele, Methoden und Instrumente für Feedback in Lehr-Lernsituationen beschrieben, die als methodische Steckbriefe eine Art Praxiskatalog füllen. Hierbei wurden bereits bekannte und in der Lehrpraxis etablierte Methoden und Instrumente ausgewählt und – um selbst entwickelte und in der eigenen Praxis erprobte – ergänzt. Wir empfehlen den eigenen Anliegen entsprechend den Grundlagen zu folgen und sie mittels einer passenden Auswahl aus den vorgeschlagenen „Steckbriefen" (Kapitel 7) für die eigene Lehrpraxis zu nutzen und diese feedback- und dialogorientiert weiterzuentwickeln.

2 Lehrende mit Studierenden im Dialog über Lehrveranstaltungen

Lehrende mit Studierenden im Dialog

Studentische Rückmeldung zu Lehrveranstaltungen an Hochschulen zählt zu den etablierten Evaluationsinstrumenten von Studium und Lehre. Es wird häufig ebenfalls als „Feedback" bezeichnet. Das Aufkommen der Lehrveranstaltungsevaluation in Deutschland, d.h. das systematische, standardisierte Erfassen von studentischen Rückmeldungen auf die Lehrpraxis lässt sich bis in die frühen 1970er Jahre zurückverfolgen. Evaluation an Hochschulen ist ein gesetzlicher Auftrag, der in den 1990er Jahren in die deutsche Hochschullandschaft integriert wurde. Sie reiht sich ein in die Diskussion um Qualitätssicherung und -entwicklung von Studium und Lehre und wird beispielsweise für Akkreditierungen, in der institutionellen Evaluation und für die Weiterentwicklung von Studiengängen genutzt. In Deutschland wurde die Bewertung von Lehrpersonen durch Studierende jedoch bis in die 1990er Jahre nur in relativ geringem Umfang umgesetzt. Die ersten, meist fragebogenbasierten Instrumente stellten vor allem die Lehrperson in den Vordergrund und nicht die spezifischen Lehrinhalte und -ziele (Souvignier & Gold, 2003).

Heute soll Lehrveranstaltungsevaluation Reflexionsmöglichkeiten auf Lehrveranstaltungen für Lehrende und Lernende bieten. Hierfür ist charakteristisch, dass die Lehr-Lern- und Interaktionsprozesse inner- und außerhalb der Lehrveranstaltung in ihrer Gesamtheit als interaktiver und wechselseitiger Prozess zwischen Lehrenden und Lernenden betrachtet werden. Im Zuge der europäischen Hochschulreformen im ausgehenden Jahrtausend hat sich ein Perspektivwechsel vollzogen, der dazu geführt hat, dass das Lehren nun vom Lernen her gedacht wird. Dieser „Shift from Teaching to Learning" (Barr & Tagg, 1995) hat auch Auswirkungen auf die Funktionen der Lehrveranstaltungsevaluation. Neben der Qualitätssicherung und -entwicklung soll die Lehrveranstaltungsevaluation seither auch als studentisches

Feedback dazu beitragen, Lehren und Lernen aufeinander zu beziehen. Das bedeutet, dass die Lehrveranstaltungsevaluation nicht nur zur Verbesserung der Lehre, sondern zugleich zur Förderung des Lernens beitragen soll, indem Lehrende und Lernende stärker miteinander in Beziehung treten.

Mittels studentischer Rückmeldungen ins Gespräch zwischen den Lernenden und den Lehrenden zu kommen, zählt zu den wesentlichen Empfehlungen des Einsatzes von Instrumenten, die studentisches Feedback erheben (Henninger & Balk, 2003; McKeachie, 1997; Rindermann, 2003). Diese Empfehlung, dass studentische Rückmeldungen in Gespräche zwischen Lernenden und Lehrenden einbezogen werden sollten, wird u.a. vom Deutschen Hochschulverband in seiner „Empfehlung zur Qualitätssicherung von Studium und Lehre" aus dem Jahr 2017 gestützt. Hierbei wird betont, dass die Rückmeldungen der Studierenden nicht nur zur Qualitätssicherung und -entwicklung beitragen, sondern auch als Grundlage für den Austausch zwischen Lehrenden und Lernenden dienen sollten. Als Folge kann Feedback besser verstanden und umgesetzt werden, Unklarheiten bereinigen und das Vertrauen in den Lehr-Lernprozess stärken.

Hieraus ergibt sich jedoch ein Spannungsfeld zwischen der Anforderung an Feedback (oder Lehrveranstaltungsevaluation), einerseits Qualitätsprüfung und Rechenschaftslegung zu sein und andererseits dialogorientiertes Lehren und Lernen in Lehrveranstaltungen zu verbessern. Hochschulen haben einen großen Spielraum bei der Entscheidung und Gestaltung, wie sie Lehrveranstaltungsevaluationen durchführen und welche Art von Feedback und Daten sie erheben. Das bedeutet auch, dass die Qualität und die damit verbundenen Instrumente der Lehrveranstaltungsevaluation innerhalb der deutschen Hochschullandschaft stark ausdifferenziert sind. Dennoch: Obwohl die Durchführung von Lehrveranstaltungsevaluationen ein Spannungsfeld zwischen Qualitätsprüfung und dialogorientiertem Lehren und Lernen darstellt, können sie gegenseitiges Vertrauen fördern und Transparenz erzeugen, die gemeinsame Gestaltung und das Lernen in der Lehrveranstaltung unterstützen und dabei gleichzeitig die Studierendenpartizipation erhöhen (Bastian, Combe & Langer, 2005).

Lehren mit Feedback ist eine Frage der eigenen Haltung (Auferkorte-Michaelis & Ladwig, 2011). Wie einige empirische

Befunde belegen, ist das Fachwissen von Lehrenden für die Förderung des Lernerfolgs weniger wichtig als die Haltung der Lehrenden, die durch fachliche, pädagogische und hochschuldidaktische Kompetenzen geprägt wird (z.B. Zierer 2016, 42). Studierende engagieren sich stärker in Veranstaltungen, wenn sie von Lehrenden herausgefordert werden, ihre eigenen Grenzen zu überschreiten und dabei direkt Rückmeldung auf ihre Leistungen erhalten (Kuh, 2003). Andererseits sinkt das studentische Engagement, wenn Lehrende weniger Leistung, Selbstverantwortung und Mitarbeit der Studierenden fordern (Kuh, 2003). Ein kommunikationsförderndes Lehr-Lernsetting zeichnet sich durch einen intensiven und wertschätzenden Kontakt zwischen Studierenden und Lehrenden aus (Chickering & Gamson, 1987). In einer interaktionsarmen Lehrveranstaltung verhalten sich Studierende auch beim Einsatz von Feedbackinstrumenten eher zurückhaltend, nach dem Motto „I'll leave you alone if you leave me alone!" (Kuh, 2003, 28).

Feedback geben und nehmen kann methodisch auf vielfältige Weise durchgeführt werden: spontan oder geplant, qualitativ oder quantitativ, persönlich oder anonym, in Präsenz oder digital (Fengler, 2017). Um Feedback glaubwürdig einsetzen zu können, ist es wichtig, dass die Rückmeldungen der Studierenden systematisch und sorgfältig ausgewertet, interpretiert und anschließend in die Gestaltung der Lehrpraxis einfließen. Es ist daher empfehlenswert, sich vor der Anwendung von Feedbackmethoden Gedanken zu machen und die Durchführung sowie Nachbereitung des Feedbacks zu planen, um sicherzustellen, dass die Rückmeldungen der Studierenden systematisch bearbeitet werden und dadurch das Lernen der Studierenden unterstützen.

Zielorientiert in den Dialog treten: Summativ, formativ und per Feed-In

Der Zeitpunkt, um mit Studierenden gemeinsam in einen Dialog zu treten, und die Art und Weise, wie Rückmeldungen entstehen, hat einen Einfluss auf die Wirkung von Feedback. Hierbei lässt sich festhalten, dass Feedback zu einem Lehr-Lernsetting sowohl lehrveranstaltungsbegleitend (z.B. Feedback auf eine Übung) als auch retrospektiv (z.B. Feedback auf eine Hausarbeit) eingeholt werden kann. Dabei können die Methoden von Lehrpersonen,

Studierenden oder durch externe Expert:innen mit unterschiedlichen Zielen zu verschiedenen Zeitpunkten eingesetzt werden. Studentische Rückmeldungen können also ...

1. vor Lehrveranstaltungsbeginn erfasst werden, um Teilnahmevoraussetzungen zu erfragen und die Lehrveranstaltungsplanung ggf. bedarfsgerecht anzupassen. (Feed-In)
2. zielgerichtet (und kontinuierlich) innerhalb der Lehrveranstaltungszeit eingeholt und direkt mit den Studierenden besprochen werden, um die gewonnenen Erkenntnisse im laufenden Semester für Veränderungen zu nutzen. (formatives Feedback)
3. retrospektiv im Anschluss an die Lehrveranstaltung eingeholt werden, um mit den Studierenden gemeinsam die Veranstaltung auszuwerten und die Erkenntnisse für die zukünftige Lehrveranstaltungsplanung zu nutzen. (summatives Feedback)

Obwohl alle Ansätze (Feed-In, formativ, summativ) ein gemeinsames Ziel verfolgen, nämlich einen konstruktiven Dialog zu eröffnen, gibt es bei diesen verschiedenen Formen oder Zeitpunkten dennoch Unterschiede: Das Besondere an Feed-In ist, dass bereits vor Veranstaltungsbeginn ein Kontakt zwischen Lehrenden und Lernenden hergestellt wird, Rahmenbedingungen zur Teilhabe geklärt werden und dadurch die gegenseitige Verantwortung aufgegriffen werden kann. Durch den Austausch vor Veranstaltungsbeginn können somit Erwartungen und Bedürfnisse beider Seiten besser berücksichtigt werden.

Lehrveranstaltungsbegleitendes (formatives) Feedback hat die Funktion, dass Interventionen unmittelbar, d.h. im laufenden Semester erfolgen können. Außerdem kann es dazu beitragen, ein kollaboratives Lernumfeld zu schaffen, welches die Studierenden dazu ermutigt, ihre Gedanken und Ideen offen mit der Lehrperson und untereinander zu diskutieren. Formatives Feedback in Lehrveranstaltungen kann dazu beitragen, den Mangel oder das Defizit zu adressieren, welches Studierende oft erleben, nämlich dass ihr gegebenes Feedback in Evaluationen keinen Beitrag zur individuellen Verbesserung ihrer Studiensituation leistet.

Summatives bzw. retrospektives Feedback im Anschluss an eine Lehrveranstaltung gibt den Studierenden Zeit, über ihre individuellen Erfahrungen nachzudenken. Dadurch sind die Rückmeldungen in der Regel detaillierter und umfangreicher als z.B. Feedback, das während der Lehrveranstaltung gegeben oder eingeholt wird. Zudem ist es sehr hilfreich, den Studierenden Sinn und Zweck der (summativen) Lehrveranstaltungsevaluation zu erläutern und selbst ernsthaft zu veranlassen, damit Rückmeldungen wertschätzend erhoben und ausgewertet werden.

In der Entscheidung darüber, wann und wie ein Dialog über Lehren und Lernen mit Studierenden stattfinden soll, spielen verschiedene Faktoren eine Rolle, die im Zusammenhang mit der konkreten Lehr-Lernsituation stehen. Dazu gehören beispielsweise die Art der Lehrveranstaltung, die Lernziele, die Anzahl der Studierenden und die eingesetzten Lehr-Lernmethoden. Da jede Form des Feedbacks unterschiedliche Ziele verfolgt, kann es keine festgelegte Reihenfolge für den Einsatz geben. Wichtig ist, die spezifischen Bedürfnisse der Studierenden und die Anforderungen der Lehr-Lernsituation bei der Entscheidung für den Zeitpunkt des Dialogs zu berücksichtigen.

2.1 Summative Lehrveranstaltungsevaluation: Retrospektives Fazit

Systematisches Feedback durch Lehrveranstaltungsevaluation ist gleichermaßen Aufgabe und zielgerichtetes Entwicklungsinstrument der Hochschulen. Lehrveranstaltungsevaluation hat nicht nur das Ziel, Qualitätssicherung zu betreiben, sondern auch, die beteiligten Lehrpersonen in die Lage zu versetzen, bei Bedarf datenbasiert und eigenständig Maßnahmen zur Verbesserung ihrer Lehre abzuleiten, die sie selbst beeinflussen können und möchten. Die Ergebnisse von systematischem Feedback können zur Selbstreflexion der Lehrenden genutzt werden und Möglichkeiten aufzeigen, wie die eigene Lehre weiterentwickelt werden kann (Stammen & Haschke, 2022).

Um eine gewisse Vergleichbarkeit und Rechenschaftslegung über die Qualität der Lehre nach innen und außen gewährleisten zu können, werden fast überall Befragungen eingesetzt. Dabei ist die gängigste Form der Lehrveranstaltungsevaluation die Befragung mit einem standardisierten Fragebogen, der in der Regel am Ende eines Semesters zum Einsatz kommt. Hierbei werden die Studierenden aufgefordert, verschiedene Aspekte der Veranstaltung (bspw. zu Materialien, Kommunikation und Interaktion oder Motivation und Lernfortschritt) einzuschätzen. Darüber hinaus können sie in offenen Fragestellungen qualitative Antworten abgeben. Es ist üblich, dass die Ergebnisse den Lehrpersonen sowie weiteren Stakeholdern (bspw. Studiengangverantwortlichen oder Dekanaten) in der Regel in anonymisierter Form zur Verfügung gestellt und von den Lehrenden mit den Studierenden in einem Reflexionsgespräch innerhalb der Lehrveranstaltungszeit besprochen werden. Denn um eine sinnvolle Reflexion und gegebenenfalls Anpassung der Lehrveranstaltung auf Basis des Feedbacks zu ermöglichen, müssen die Ergebnisse zeitnah vorliegen. Idealerweise sollte das Feedback daher so früh wie möglich im Verlauf der Lehrveranstaltung eingeholt und diskutiert werden, um genügend Zeit für eine gemeinsame, d.h. zwischen Lernenden und Lehrperson, Auseinandersetzung mit den Ergebnissen zu ermöglichen und gegebenenfalls noch im laufenden Semester auf die Rückmeldungen der Studierenden reagieren zu können.

Lehrveranstaltungsevaluation mit Fragebogeninstrumenten ist variantenreich. Vielerorts gibt es unterschiedliche Fragebögen für verschiedene Veranstaltungstypen und teilweise sogar individuelle Erweiterungsmöglichkeiten. Meistens werden Fragen gestellt, die den Lehrenden möglichst konkrete Hinweise zur Weiterentwicklung der eigenen Lehre geben sollen. Daher wird bei diesem Evaluationsinstrument ein breites Spektrum relevanter Lehr-Lernsituationen und der zugehörigen Rahmenbedingungen erfragt. Hierzu zählen Fragen, die Rückmeldungen einholen über:

- Struktur und Aufbau der Lehrveranstaltung
- Prüfungen
- Medieneinsatz und Materialien
- Kommunikation und Interaktion
- Kooperatives Lernen
- Übungen/Übungsaufgaben
- Motivation und Lernfortschritt
- Lernzuwachs
- Workload und Anforderungen
- Form der Veranstaltung und Gesamtbewertung

Dabei sind die einzelnen Fragestellungen keinesfalls willkürlich; sie wurden jahrelang erprobt, von der Evaluations- und Hochschulforschung validiert und leiten sich aus Erkenntnissen der Lehr- und Lernforschung ab.

Die Fragen zu Prüfungen werden beispielsweise gestellt, weil die Transparenz von Anforderungen an Prüfungen der Fairness dient und die Vorbereitung der Studierenden unterstützen soll (Langer et al., 2019; Hattie, 2009). Prüfungen erfüllen didaktische Funktionen, indem sie als zeitliche und inhaltliche Gliederungs- und Orientierungspunkte dienen (Müller & Schmidt, 2009). Sie können Studierenden – aber auch Lehrenden – eine Orientierung über die Studienziele und bisherige Lernerfolge geben sowie Studierende zum Lernen motivieren. Somit entstehen Frageformulierungen, die versuchen diese Perspektiven zu beantworten, wie zum Beispiel:

- „Mir ist klar, welches Format die Prüfung haben wird (z.B. Klausur, Hausarbeit, Take-Home-Exam)."
- „Die Prüfungsanforderungen werden für mich nachvollziehbar erläutert."
- „Ich habe den Eindruck, dass ich mich mithilfe der Lehrveranstaltung gut auf die Prüfung vorbereiten kann."

Gezielte Fragen zu Prüfungen sollen dabei unterstützen, die (Weiter-)Entwicklung der Lehrveranstaltung durch die Lehrperson anzuregen, da vor allem Studierende von darauffolgenden oder aufbauenden Lehrveranstaltungen profitieren können.

Werden vielfältige Lehr-Lernmaterialien eingesetzt, ermöglicht dies Studierenden unterschiedliche Zugänge zu den Lehrinhalten. Hierdurch werden unterschiedliche Lerngewohnheiten der Studierenden berücksichtigt (Kerres, 2018). Daher werden in der Lehrveranstaltungsevaluation Fragen zum Medieneinsatz und Materialien gestellt, wie zum Beispiel:

- „In dieser Veranstaltung werden (digitale) Lehr-Lernmaterialien wie Skripte, Videos, Lernprogramme, Selbsttests (z.B. in Moodle) bereitgestellt."
- „Die bereitgestellten (digitalen) Lehr-Lernmaterialien nutze ich."

- „Würden Sie sich (digitale) Lehr-Lernmaterialien für diese Lehrveranstaltung wünschen?“

Die Formulierung dieser Fragen zielt darauf ab, Informationen darüber zu erhalten, welche Lehr-Lernmaterialien in der Lehrveranstaltung zum Einsatz kommen und wie die Studierenden diese Materialien nutzen und wahrnehmen. Insgesamt sollen diese Fragen dazu beitragen, den Einsatz von Lehr-Lernmaterialien in der Lehrveranstaltung zu optimieren und den Bedürfnissen und Lerngewohnheiten der Studierenden gerecht zu werden.

Praxistipp
Aktive Auseinandersetzung mit den Fragebögen zur eigenen Lehrveranstaltungsevaluation

An vielen Hochschulen werden standardisierte Fragebögen zur Evaluation von Lehrveranstaltungen eingesetzt. Diese Fragebögen dienen dazu, Feedback von den Studierenden einzuholen und die Qualität der Lehre zu verbessern. Es ist wichtig, sich als Lehrende:r aktiv mit diesen Fragebögen auseinanderzusetzen, um die Ergebnisse sinnvoll interpretieren und gegebenenfalls Anpassungen im Semesterverlauf vornehmen zu können.
Wenn Sie an Ihrer Hochschule standardisierte Fragebögen zur Evaluation Ihrer Lehrveranstaltungen erhalten, sollten Sie sich folgende Fragen stellen:

a) Welche Fragen finden Sie richtig gut und wichtig, um Feedback von den Studierenden zu erhalten? Suchen Sie sich mindestens drei aus!

Beispiele für Fragen, die Sie als besonders hilfreich empfinden könnten, sind:

Inwieweit haben die Lehrinhalte Ihren Erwartungen entsprochen?
Inwieweit haben die Methoden und Medien zur Vermittlung des Lehrstoffes beigetragen?

b) Welche Fragen verstehen Sie nicht oder finden Sie schwierig zu beantworten? Suchen Sie diese raus.

Es ist wichtig, dass Sie alle Fragen verstehen und beantworten können, um aussagekräftige Ergebnisse zu erhalten. Wenn Sie Fragen nicht verstehen oder sie Ihnen zu vage formuliert erscheinen, sollten Sie sich an die zuständigen Kolleg:innen wenden und um eine Erklärung oder Präzisierung bitten.

c) Welche Fragen finden Sie nicht gut und würden Sie gerne streichen? Suchen Sie sich hier drei aus.

Um individuelle Anpassungen an den Fragebögen vornehmen zu können, sollten Sie den Dialog mit den zuständigen Kolleg:innen an Ihrer Hochschule suchen. Diese können Ihnen helfen, die Fragebögen zu verstehen und gegebenenfalls Anpassungen vorzunehmen. Wenn Sie nicht sicher sind, wer die zuständigen Kolleg:innen sind, können Sie sich an Ihr zuständiges Dekanat wenden.
Durch eine aktive Auseinandersetzung mit den Fragebögen zur eigenen Lehrveranstaltungsevaluation können Sie wertvolles Feedback von den Studierenden erhalten und Ihre Lehrpraxis kontinuierlich verbessern.

Die standardisierte, meist summative Lehrveranstaltungsevaluation bleibt bis heute das bekannteste Instrument, das vor allem relativ aufwandsarm und an Hochschulen weit etabliert ist. In der Regel werden die standardisierten Fragebögen für die Lehrveranstaltungsevaluation an eigens dafür eingerichteten Einrichtungen an der Hochschule, beispielsweise der Einrichtung für Qualitätssicherung, konzipiert, bereitgestellt und (automatisiert) ausgewertet. Auch die Entscheidung darüber, wann und wie oft eine Lehrveranstaltung evaluiert werden soll, liegt oftmals in der Verantwortung der Hochschulleitung und wird in einer entsprechenden Ordnung (bspw. einer Evaluationsordnung) festgelegt. In der Praxis wird das Verfahren der Lehrveranstaltungsevaluation oft einmal pro Semester eingesetzt, um eine Vergleichbarkeit und Kontinuität in der Evaluation von Lehrveranstaltungen sicherzustellen. Allerdings gibt es auch an einigen Hochschulen Ansätze, die Evaluation von Lehrveranstaltungen stärker an den Bedürfnissen der Lehrenden und Studierenden auszurichten. Hierzu zählen die Möglichkeit, eigene Fragen in den Fragebogen aufzunehmen oder alternative formative Evaluationsformate einzusetzen, wie z.B. qualitative Interviews oder Fokusgruppen.

Das Verfahren der Lehrveranstaltungsevaluation wird kontrovers diskutiert, wobei in der jüngeren Vergangenheit immer wieder Forderungen nach Reformen aufkommen. Einerseits handelt es sich bei der eigenen Lehrveranstaltung um ein sensibles und persönliches Thema. Andererseits sind standardisierte Verfahren oft nicht in der Lage, die Individualität eines spezifischen Lehr- und Lernsettings vollständig zu berücksichtigen.

Hintergrund der Forderungen nach Reformen ist, dass die Vielfalt der Studierenden und ihre individuellen Lernsituationen in standardisierten Instrumenten oft nicht ausreichend berücksichtigt werden. Zum Beispiel werden allen Studierenden die gleichen Fragen gestellt, unabhängig von ihren Vorkenntnissen, ihrer Lernmotivation oder ihren individuellen Rahmenbedingungen. Dadurch kann es schwierig sein, eine umfassende Bewertung der Lehrveranstaltung zu erhalten. Es gibt jedoch weitere Faktoren, die die Interpretation von Ergebnissen erschweren können. Zum einen ist die Teilnahme an einer Lehrveranstaltungsevaluation grundsätzlich freiwillig und in den meisten Fällen anonym, was die Gewährleistung der Repräsentativität der Stichprobe beeinträchtigen kann. Zum anderen wird die Evaluation der Lehrveranstaltung oftmals erst am Ende des Semesters durchgeführt, wodurch möglicherweise nicht alle Erfahrungen der Studierenden während der gesamten Lehrveranstaltungsdauer berücksichtigt werden. Schließlich können die Ergebnisse von Faktoren beeinflusst werden, die nicht unmittelbar mit der Lehrveranstaltung selbst zusammenhängen, wie der persönlichen Beurteilung einer bereits erbrachten Prüfungsleistung.

Summative Lehrveranstaltungsevaluationen sind vor allem für die Lehrenden hilfreich und unterstützend, um langfristige Entscheidungen über die Entwicklung der eigenen Lehrpraxis oder gar eines Studiengangs zu treffen.

2.2 Formative Lehrveranstaltungsevaluation: Feedback im Semesterverlauf

Um während der Veranstaltung intervenieren zu können, bieten sich formative, semester- bzw. veranstaltungsbegleitende Feedbackverfahren an, die den Schwerpunkt auf die punktuelle und dynamische Entwicklung von konkreten Lehr-Lernsituationen und den aktuellen Lehr-Lernprozess legen. Sie weisen einerseits Studierende auf Lernerfolge und Schwierigkeiten oder auch Wissenslücken hin, andererseits können die Feedbackergebnisse hilfreiche Hinweise für eventuell notwendige Veränderungen in der Lehrgestaltung für die Lehrenden geben. Denn formative Feedbackverfahren eröffnen den gemeinsamen Diskurs über das Wechselspiel des Lehrens und Lernens im direkten Austausch zwischen Studierenden und Lehrenden.

Oftmals geht in den 90 Minuten einer Lehrveranstaltung der Input oder die Übung vor und es bleibt zu wenig Zeit für den Einsatz von umfangreichen Feedbackmethoden. Daher sind besonders kurze Befragungen zu unterschiedlichen Zeitpunkten im Semesterverlauf geeignet, wie das One-Minute-Paper (siehe Kapitel 7 Steckbrief „One-Minute-Paper") oder auch das ABC-Blitzfeedback (siehe Kapitel 7 Steckbrief „ABC-Feedback"). Sie ermöglichen den Studierenden, ein unmittelbares Feedback zu einer bestimmten Fragestellung zu geben, die für sie von besonderer Relevanz ist (bspw. Schwierigkeit einer Übung). Diese Rückmeldungen können für die Lehrenden sehr hilfreich sein, um Anpassungen noch im Semesterverlauf vorzunehmen, wie z.B. Studierenden Tipps für eine spezifische Lektüre zu geben.

Wenn Lehrende Feedback in ihre Lehrveranstaltung systematisch integrieren möchten, können sie sich beim Einsatz formativer Feedbackmethoden unterstützen lassen. Dies kann sehr gut durch studentische Tutor:innen bzw. hierfür beauftragte Studierende erfolgen, die in der Lehrveranstaltung die Aufgabe übernehmen, das Feedback (selbst) zu organisieren (siehe hierzu Kapitel 3 und 4). Eine weitere Option bietet der Einsatz von sogenannten Teaching Analysis Polls (TAP), die hier exemplarisch näher erläutert werden, da sie sich als qualitative Alternative zur retrospektiven Lehrveranstaltungsevaluation etabliert haben und an manchen Hochschulen sogar die quantitative Bewertung mit Fragebögen am Ende des Semesters ersetzen.

Mittendrin und etabliert: Teaching Analysis Poll (TAP)

Die ursprünglich aus den USA stammende Feedbackmethode fand in den 2010er-Jahren den Weg in den deutschsprachigen Hochschulraum und wird mittlerweile an fast allen Hochschulen angeboten (Frank & Kaduk, 2017).

Diese formative Feedbackmethode ist kurzweilig, denn innerhalb von 30 Minuten können von den Studierenden lernförderliche und lernhinderliche Aspekte der Lehrveranstaltung reflektiert werden. Hier werden vor allem kontextbezogene Qualitätsmerkmale erfasst und der Fokus auf die Entwicklung handlungsorientierter Verbesserungsmöglichkeiten gerichtet.

Dabei geht es um folgende drei Fragen, mit denen sich die Studierenden im Rahmen des TAPs beschäftigen:

- Wodurch lernen Sie im Rahmen dieser Lehrveranstaltung am besten?
- Was erschwert Ihr Lernen im Rahmen dieser Lehrveranstaltung?
- Welche Verbesserungsvorschläge haben Sie für diese Lehrveranstaltung?

Die TAP wird in einer zuvor ausgewählten Sitzung der Lehrveranstaltung durch eine in der Methode geschulte externe Moderation durchgeführt. In der Regel gehören die TAP-Moderator:innen den hochschuldidaktischen Zentren, dem hochschulinternen Qualitätsmanagement oder einer anderen zentralen Einrichtung an, so dass sie als „unbeteiligte Dritte“ bzw. neutrale Person wahrgenommen werden und es den Studierenden erleichtern, kritische Punkte zu benennen. Der/die TAP-Moderator:in ist so einerseits „Sprachrohr“ der Studierenden und unterstützt andererseits die Lehrenden gleichzeitig bei der Auswertung der Ergebnisse. Die Durchführung variiert in der Praxis leicht, aber das Prinzip ist gleich: Nach ungefähr der Mitte des Semesters erarbeiten Studierende in kleinen Gruppen, unter Anleitung durch eine:n externe:n Moderierende:n, ein Feedback über ihre Wahrnehmung der Lernbedingungen und Vorschläge zur Veränderung der Lehrveranstaltung. Dabei werden die Mehrheitsmeinungen der Studierenden so ermittelt, dass sich ein Gesamtbild formt, in dem Einzelmeinungen und mehrheitsfähige Punkte klar erkennbar bleiben. Die Gesprächsergebnisse werden dokumentiert und dienen den Lehrenden als Ausgangspunkt für die Reflexion und gegebenenfalls Verbesserung der Lehrveranstaltung (Frank et al., 2011). Die genaue Durchführung ist im Kapitel 7 im Steckbrief „Teaching Analysis Poll (TAP)“ beschrieben.

Um den Qualitätskreislauf zu schließen, bespricht die Lehrperson die Ergebnisse der TAP in der darauffolgenden Sitzung mit den Studierenden.

Der Gesamtablauf ist in der nachfolgenden Abbildung skizziert.

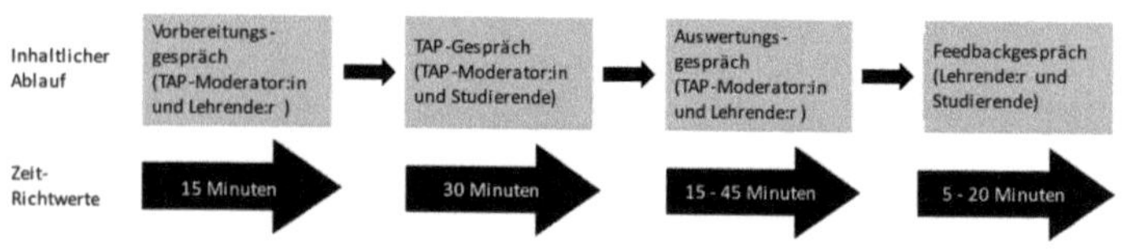

Abb. 1: Ablauf der Teaching Analysis Poll (TAP)
Quelle: in Anlehnung an Ruhr Universität Bochum, o.J.

Am Beispiel der TAP zeigt sich, dass formatives Feedback ein kontinuierlicher, konstruktiver Prozess der Reflexion und Weiterentwicklung ist, der sowohl von den Lehrpersonen als auch von den Studierenden aktiv mitgestaltet werden kann. Ihr eher konstruktiver und weniger evaluativer Charakter spiegelt sich auch in anderen formativen qualitativen Methoden wider, die in den Steckbriefen (Kapitel 7) beschrieben werden.

Studierende interagieren im Laufe des Studiums jedoch nicht nur mit anderen Menschen, sondern auch mit technischen Systemen. Dabei hinterlassen sie digitale Daten wie Fußspuren, die ausgewertet werden können. In diesem Zusammenhang wird Learning Analytics als ein Schlüsselfaktor für die Zukunft des Lernens an Hochschulen (durchaus kritisch) diskutiert und bietet Anknüpfungspunkte für formatives Feedback, beispielsweise zur Nutzung von Lernmaterialien oder auch dem Schwierigkeitsgrad von Aufgaben.

Learning Analytics als formatives Feedback nutzen

Bei Learning Analytics handelt sich um einen Ansatz zur Sammlung und Interpretation unterschiedlicher Daten,

> die von Studierenden produziert oder für sie erhoben werden, um Lernfortschritte zu messen, zukünftige Leistungen vorauszuberechnen und potenzielle Problembereiche aufzudecken (Johnson et al., 2012, 26).

Feedback mit Learning Analytics hat somit das Potenzial, die Leistungen der Studierenden zu verbessern, indem es ihnen Einblicke in die Art und Weise gibt, wie sie sich mit ihrem Studium beschäftigen. Es kann auch helfen, Bereiche zu identifizieren, in denen ein Eingreifen oder zusätzliche Unterstützung erforderlich sind, um die Lernergebnisse zu verbessern. Auch auf der Ebene des Curriculums können Schwachstellen identifiziert werden.

Wenn es um die Implementierung von Learning Analytics geht, müssen die Lehrenden über ein hohes Maß an Kompetenz bei der Datenerfassung, -auswertung und -interpretation verfügen. Sie müssen sich auch rechtlichen Überlegungen sowie der Datenschutzanforderungen bewusst sein. Die Analyse personenbezogener Bildungsdaten wirft darüber hinaus auch ethische Fragen auf (bspw. bei der Kategorisierung des Leistungsniveaus von Studierenden ausschließlich anhand ihres prognostizierten Lernverhaltens) (Jülicher, 2015, 1). Ist jedoch das „gewusst wie" geklärt, erschließen sich den Lehrenden viele Ansatzpunkte, mit den Studierenden über die Lehre und ihr Lernen in den Dialog zu treten.

Auf der Lehrveranstaltungsebene hinterlassen die Studierenden digitale Spuren beispielsweise beim Lösen von Übungsaufgaben im Lernmanagementsystem. Die Analyse dieser Daten birgt das Potential, evidenzbasierte Einblicke in die Fähigkeiten und Verhaltensmuster der Studierenden zu erlangen. Die daraus gewonnenen Erkenntnisse können dazu genutzt werden, den Lernprozess gezielt zu unterstützen um so den Lernerfolg insgesamt zu verbessern (Hylén, 2016; Sclater et al., 2016, 4; e-teaching.org, 2018). Außerdem können sie einen Anlass für Lehrende bieten, den Studierenden ein Feedback auf ihr Lernverhalten zu geben, sie dahingehend zu beraten und die Studierenden zur Selbstreflexion anzuregen. Praktische Beispiele aus dem Fach Statistik an der Universität Duisburg-Essen verdeutlichen dies:

Praxistipps

Klausurerfolgsprognose mit Hilfe von E-Assessment-Nutzerdaten
In ihrem Beitrag beschreiben Massing et al. (2018) in einem Praxisbeispiel aus der Vorlesung „Induktive Statistik" ihre Auswertung von E-Assessment-Nutzer:innendaten von Studierenden für die Vorhersage ihres Klausurerfolgs. Bereits während des laufenden Semesters zeigte sich, dass aufgrund des Lernverhaltens die Bestehenswahrscheinlichkeit der Klausur auf Individualebene mit hoher Prognosegenauigkeit vorhergesagt werden konnte. Es bietet sich an, aufgrund der entsprechenden Vorhersagen ein Frühwarnsystem einzusetzen, um die Studierenden zur Beschäftigung mit Übungsaufgaben etc. zu motivieren.

Gute Zeit, um zu lernen
In ihrer empirischen Studie analysieren Massing et al. (2021) die Nutzerdaten aus der Online-Lernplattform JACK aus einem einführenden mathematischen Statistikkurs um herauszufinden, wann Studierende lernen sollten, um in einer Klausur erfolgreich zu sein. Dabei stellen sie fest, dass das Lernen am Tag und nicht in der Nacht eine relevante Variable für die Vorhersage des Erfolgs bei Abschlussprüfungen ist, denn gemäß ihrer Studie lernten gute und sehr gute Studierende eher am Nachmittag, während einige Studierende, die in dem Kurs durchgefallen waren, eher nachts lernten. Weiterhin erörtern sie den durchschnittlichen Zeitaufwand für die Bearbeitung der Übungsaufgaben. Diesbezüglich haben Studierende, die an einer Prüfung teilgenommen haben, mehr Zeit für Übungen aufgewendet als Studierende, die die Lehrveranstaltung vorzeitig abgebrochen haben.

Statt eines Steckbriefs, der eine Anleitung für den konkreten Einsatz von Learning Analytics liefert und den Umfang dieses Buchs übersteigen würde, erscheint es uns wichtig, Lehrende an dieser Stelle für den Einsatz von Learning Analytics zu sensibilisieren, denn die Datenauswertung und -analyse kann einen Ausgangspunkt für Feedback-Aktivitäten darstellen, ersetzt aber nicht die zwischenmenschliche Interaktion zwischen Lehrenden und Studierenden und ist somit ein Teil des Gesamtpuzzles.

2.3 Mit Feed-In Voraussetzungen vor Lehrveranstaltungsbeginn klären

Feed-In-Befragungen bieten Lehrenden die Möglichkeit, vor Veranstaltungsbeginn Hinweise zur persönlichen Lernsituation und -umgebung der Studierenden zu erfragen. Für eine bedarfsgerechte Gestaltung der Lehr-Lernsituationen können z.B. unabhängig von der Darbietungsform (in Präsenz, Hybrid oder Online) folgende Fragen an Studierende gestellt werden:

- Welche medientechnische Ausstattung ist vorhanden?
- Wie soll und kann innerhalb der Lehrveranstaltung dialogorientiert kommuniziert werden?
- Wie kann eine produktive, aber auch inklusive Arbeits-, Kommunikations- und Kollaborationsumgebung aussehen?

Die Feed-In-Befragungen können von den Lehrpersonen an die Studierenden gerichtet werden, um die persönliche Lernsituation und -umgebung besser zu verstehen. Indem die Lehrpersonen die Studierenden nach ihrer medientechnischen Ausstattung und Präferenzen bezüglich der dialogorientierten Kommunikation innerhalb der Lehrveranstaltung fragen, können sie eine bedarfsgerechte Gestaltung der Lehr-Lernsituationen ermöglichen. Auch die Frage nach einer produktiven und inklusiven Arbeits-, Kommunikations- und Kollaborationsumgebung kann den Studierenden gestellt werden, um eine individuelle Gestaltung der Lehrveranstaltung zu ermöglichen. Es ist jedoch Aufgabe der Lehrperson, Rahmenbedingungen zu schaffen, die eine erfolgreiche Durchführung der Lehrveranstaltung unterstützen.

Zusammenarbeit und Dialog zwischen Lehrpersonen und Studierenden können durch Feed-In-Befragungen bereits vor Veranstaltungsbeginn gefördert werden, um den gemeinsamen Lernprozess zielgerichtet und individuell im Kontext der Lehrveranstaltung weiterzuentwickeln. Sie können somit den Startpunkt für begleitendes (formatives) Feedback bilden, bei dem Lehrpersonen und Studierende den Dialog vor Veranstaltungsbeginn bereits aufnehmen. Dabei steht das gemeinsame Ziel im Vordergrund, die Lehre und den Lernprozess zielgerichtet und individuell im Kontext der Lehrveranstaltung weiterzuentwickeln.

Ein an der Universität Duisburg-Essen eingesetztes Befragungsinstrument wurde beispielsweise gemeinsam mit Studierenden und Lehrenden entwickelt und konnte Erfahrungen berücksichtigen, die einzelne Lehrende zuvor mit individuellen Nachfragen und Abfragen bei Studierenden in ihren Lehrveranstaltungen gemacht hatten. In den Steckbriefen (Kapitel 7) finden sich praxisnahe Umsetzungshinweise zur Feed-In-Befragung.

3 Feedback auf Leistungen für den Lernerfolg nutzen

Prüfungsergebnisse in Form von Noten könnten auf den ersten Blick als Leistungsfeedback angesehen werden. Dies sind sie definitionsgemäß aber nur, wenn die zugrundeliegende Bewertung von den Lernenden auch nachvollzogen werden kann, sie also für ihr Lernen daraus etwas Konkretes ableiten könnten. Diesen für ein Feedback konstitutiven Informationsgehalt hat eine bloße Note nicht.

It is the feedback information and interpretations from assessments, not the numbers or grades, that matter (Hattie & Timperley, 2007, 104).

Um von einem wirklichen (summativen) Feedback am Ende eines Lernprozesses sprechen zu können, müssen seitens der Lehrenden begleitende Erklärungen gegeben werden, die Studierende für die Betrachtung des vergangenen wie auch die Verbesserung zukünftiger Lernprozesse in kommenden Semestern nutzen können.

Lernbegleitendes (formatives) Feedback auf studentische Leistungen bringt Lernende hingegen bereits frühzeitig in eine aktive Auseinandersetzung mit Lernzielen, Leistungsanforderungen und Bewertungskriterien. Studierende können damit bereits im laufenden Semester ihre Leistungen verbessern. Solch ein Feedback auf studentische Leistungen enthält sowohl Informationen zum Leistungsstand der Lernenden als auch eine Entwicklungsperspektive. Es setzt Erreichtes in Beziehung zum Referenzniveau, dem Lernziel. Beides kann entweder durch Lehrende aufgezeigt oder durch die Lernenden selbst erarbeitet werden. Um diese Lern- und Entwicklungsperspektive zu betonen, kann die betrachtete Leistung durchaus bewertet und mit einem Notenvergleich („als Note ausgedrückt, wäre Ihre Leistung …") rückgemeldet werden. Zwischen einem solchen Feedback und der finalen Notenvergabe, sollte es immer einen Entwicklungszeitraum geben, in dem die eigene Leistung noch verbessert werden kann.

Praxistipp
Drei universelle Feedbackfragen zur Steuerung des Lernprozesses
nach Hattie & Timperley 2007, 88 ff.

Where am I going? (Was sind die Lehr- und Lernziele?)
How am I going? (Was ist der aktuelle Stand der Zielerreichung?)
Where to next? (Was sind die nächsten Schritte?)

Diese Fragen sollten zuerst die Lernenden für sich beantworten, um danach mit der Lehrperson über den Lernstand und die nächsten Schritte ins Gespräch zu kommen.

Im folgenden Kapitel geht es zunächst ausführlicher darum, wie ein zum Lernprozess passendes, leistungsbezogenes Feedbackverständnis geschaffen werden kann (Kapitel 3.1). Anschließend befassen wir uns damit, wie seitens der Lehrenden mit Hilfe von Bewertungsschemata (im Englischen „Rubrics“) studentische Leistungen so bewertet werden können, dass die Studierenden quasi automatisch ein auf die Lernziele bezogenes Feedback erhalten (Kapitel 3.2).

3.1 Feedbackverständnis aufbauen

Den fachlichen Lernfortschritt einschätzen zu können, ist für Studierende oftmals ein Lernprozess für sich. Die eigenen Maßstäbe an Studienleistungen werden von den Studierenden z.T. zu hoch oder zu niedrig gesetzt, was zu Über- bzw. Unterforderung im Lernprozess führen kann. Fachliches Feedback von Lehrenden fördert die Fähigkeit der Studierenden, sich selbst realistisch einzuschätzen und mit Rückschlägen im Lernprozess konstruktiv umzugehen (Hofmann et al., 2021, 82).

Damit das Feedback von Lehrenden die intendierte Wirkung erzielen kann, brauchen Lehrende und Studierende als Basis ein gemeinsames Feedbackverständnis. Für lernförderliche Feedbackprozesse ist Transparenz entscheidend: wenn allen Beteiligten bei der Feedbackgestaltung, -durchführung und -auswertung klar ist, warum (Motiv), in welcher Form (Mittel) und wann

(Gelegenheiten) Feedback in Lehrveranstaltungen stattfindet, ist der Grundstein für lernwirksames Feedback gelegt (Shute, 2008). In der folgenden Tabelle und anschließenden Beschreibung wird dargestellt wie Lehrende und Studierende ein gemeinsames Feedbackverständnis aufbauen können:

Lehrende	im Austausch über	**Studierende**
transparent machen Learning outcomes, Ablauf: Veranstaltung und Feedback, Lehrhaltung, Feedbackhaltung	**Feedback-motive**	**entdecken** Teilnahmemotivation, Erkenntnisinteresse und Leistungsziele, Erwartungen an Lern-prozesse
(weiter)entwickeln Kriterienraster für Be-wertungen, Feedback-methoden, Übungen, Testate, Prüfungen	**Feedback-mittel**	**verstehen** Raster und Methoden kennenlernen, Verständnisfragen stel-len, Schwierigkeiten markieren
schaffen Feedback initiieren, Ergebnisse besprechen, Lehrpraxis weiterentwickeln	**Gelegen-heiten**	**nutzen** Feedback geben, Feedback reflektieren, Lernpraxis weiterent-wickeln

Tab. 1: Lehrende und Studierende im Austausch über Feedback
Quelle: Eigene Darstellung

Feedbackmotive: Lehrende initiieren Feedbackprozesse, indem sie den Studierenden bewusst machen,

- worauf es im Feedbackprozess ankommt,
- warum Feedback eingeholt wird und
- wie die Feedbackergebnisse genutzt werden.

Lehrende schaffen dazu im ersten Schritt Transparenz über die Learning Outcomes der Veranstaltung und machen die damit verbundenen Leistungsanforderungen und Bewertungskriterien deutlich. Der Überblick über den Veranstaltungsablauf gibt gleichzeitig einen Einblick in die geplanten Feedbackaktivitäten. Hier markieren Lehrende, warum ihnen Feedback in ihrer Lehrpraxis wichtig ist. Sie geben den Studierenden im Veranstaltungsauftakt Zeit, ihre eigene Teilnahmemotivation zu reflektieren, ihre persönlichen Leistungsziele zu benennen und Erwartungen an ihre Lernprozesse festzuhalten.

Feedbackmittel: Für die einzelnen Feedbackanlässe entwickeln die Lehrenden (optional auch in Kooperation mit den Studierenden) Ablaufbeschreibungen, Feedbackraster und Fragen und entwickeln neue Feedbackmethoden bzw. passen vorhandene Feedbackmethoden an die Veranstaltung an. Im Vorfeld der einzelnen Feedbackanlässe werden den Studierenden die Feedbackfragen und Feedbackmethoden vorgestellt und Verständnisfragen geklärt. Hierbei steht die Förderung der Feedbackkompetenz (Feedback Literacy) der Studierenden im Vordergrund. Sie werden ermutigt, Erfolge wie Schwierigkeiten im Lernprozess konkret zu benennen und ihre Leistungen realistisch einzuschätzen. Im Feedbackprozess werden reflexionsfördernde Feedbackfragen für One-Minute-Paper, Blitzlichtrunden, Lernportfolios usw. sowie fachliche Prüfungsfragen für (Probe-)klausuren, Quizzes, Übungszettel usw. genutzt.

Praxistipp:
Beispiele für Feedbackfragen (Universität Leipzig, 2018):

Fragen zum Lernzuwachs: Was habe ich heute gelernt? Welches ist die wichtigste Erkenntnis, die ich in der heutigen Sitzung gewonnen habe? Was ist mir von der letzten Sitzung zum Thema ... in Erinnerung geblieben?

Fragen zu Verständnisschwierigkeiten: Was ist mir unklar geblieben? Welche Fragen sind offengeblieben? Wo sehe ich noch Klärungs- oder Übungsbedarf? Was brauche ich noch, um bei der nächsten Veranstaltung weiterzuarbeiten? Welche Themen möchte ich noch weiter vertiefen?

Feedback zur Lehrveranstaltung: Wie bewerte ich den Ablauf der heutigen Sitzung? Was hat mir heute beim Lernen geholfen? Was hat mich heute beim Lernen behindert?

Feedbackgelegenheiten: Lehrende betten Feedback in Lehrveranstaltungen, Tutorien, Gruppenarbeits- und Selbstlernphasen ein und begleiten dessen Durchführung. Sie haben z.B. das Zeitmanagement im Blick und achten darauf, dass sich alle Studierenden gleichermaßen am Feedbackprozess beteiligen können. Dazu braucht Feedback in Lehrveranstaltungen fest eingeplante Zeitfenster. Gerade Feedback auf Leistungen bietet Lehrenden wie Studierenden im Veranstaltungsverlauf Gelegenheit, ihr Lernverhalten (Studierende) bzw. die Veranstaltungsinhalte (Lehrende) anzupassen. Zeigt sich z.B. in der Probeklausur nach der ersten Hälfte der Veranstaltung, dass mehr als die Hälfte der Studierenden die Aufgaben zu einem bestimmten Thema nicht lösen können, bietet es sich an, Aufgabenstellung, Lernmaterial und das Lernverhalten zum Gegenstand des Feedbacks zu machen. Im Gespräch können Lehrende und Studierende gemeinsam überlegen, was sie verändern können, damit die Aufgaben gelöst und die intendierten Lernziele erreicht werden können.

Es gibt verschiedene Möglichkeiten, wie ein solches Feedback genutzt werden kann: z.B. können Lehrende die Ergebnisse zusammenfassen und in der kommenden Veranstaltung besprechen oder aber eine Studierendengruppe kann das Feedback bündeln und vorstellen. Die so gewonnenen Erkenntnisse bieten zum einen den Studierenden die Gelegenheit für sich selbst festzustellen, ob Lernstand und Leistung die eigenen Erwartungen und die Studienanforderungen erfüllen. Zum anderen bietet das Feedback, das aus dem Leistungsstand der Studierenden gewonnen wird, den Lehrenden Anlass, die Gestaltung der Lehrveranstaltung, der Selbstlernphasen oder der Aufgaben ggf. nachzujustieren.

Sehr wichtig: Um Feedback geben zu können, bedarf es immer einer Sollgröße oder eines Maßstabs als Bezugspunkt. Erst im Hinblick auf bestimmte Vorgaben lässt sich eine Rückmeldung geben, wo Lernende stehen und welche Lernfortschritte sie erzielt haben. Im Lehr-Lernkontext sind es die Learning Outcomes, auf die sich Bewertungen beziehen. Je differenzierter diese ausformuliert sind, desto leichter lassen sie sich auf konkrete Kriterien operationalisieren – damit lässt sich der Lernerfolg gut überprüfen. Die im Folgenden vorgestellten Rubrics sind hierfür ein sehr gut geeignetes Instrument.

3.2 Feedback mit Hilfe von Rubrics

Um die Leistungen von Lernenden so zu bewerten, dass sie Steuerungswirkung entfalten können, haben sich Bewertungsraster, sogenannte „Rubrics“, als sehr hilfreich erwiesen. Sie dienen dazu, die einzelnen zu den Learning Outcomes einer Lehrveranstaltung gehörenden Leistungskriterien darzustellen und mit verschiedenen Qualitätsstufen zu versehen. Sind die Bewertungskriterien frühzeitig bekannt, helfen sie Studierenden, ihr Lernen darauf auszurichten. Sie schaffen somit Transparenz, aber auch Objektivität, denn Studierende müssen dadurch nicht erraten, worauf es bei der Bewertung ankommt, was die Lehrperson „hören will“. Die Ausrichtung des Lernens wird nochmals verstärkt, wenn dieselben, für alle geltenden Kriterien bei allen Bewertungsgelegenheiten eingesetzt werden. Der entscheidende Vorteil der Verwendung solcher Rubrics ist, dass die Studierenden mit jeder Bewertung quasi automatisch ein für sie verwertbares Feedback erhalten. Schauen wir uns dazu ein Beispiel (Auszug) aus der Lehrpraxis an.

Das Learning Outcome für die Studierenden lautet, Ziele und Planung für einen individuellen Kompetenzentwicklungsprozess zu entwerfen. Um die Qualität des Arbeitsergebnisses zu beurteilen, stehen mit den Rubrics konkrete Kriterien zur Verfügung, die exakt beschreiben, was von den Studierenden gefordert wird. Das geforderte Niveau ist im Verlauf von links nach rechts zunehmend. Für die Übersetzung der Bewertung in Zahlen steht ein einfaches Punkteschema zur Verfügung. Die ganz linke Spalte markiert dabei mit „0“ die nicht ausreichenden Leistungen. Ist die Bestehensgrenze z.B. auf einen Durchschnitt von 2 Punkten über alle Kriterien hinweg angesetzt, müssen Bewertungen von nur ausreichenden Leistungen mit einem Punkt durch hervorragende Bewertungen mit drei Punkten ausgeglichen werden.

1. Bearbeitung der Aufgabenstellung (30%)	**0**	**1**	**2**	**3**	**Punktzahl**
a. Herausarbeiten einer (oder einiger) individuell bedeutsamen berufsfeldspezifischen SOLL-Kompetenz(en)	Eine oder einzelne berufsfeldspezifische Kompetenzen werden willkürlich ausgewählt und sehr grob umrissen.	Eine oder einzelne berufsfeldspezifische Kompetenzen werden mit einer oberflächlichen Begründung ausgewählt und grob umrissen.	Eine oder einzelne berufsfeldspezifische Kompetenzen werden mit klarer, tätigkeitsbasierter Begründung ausgewählt und ausführlich beschrieben.	Eine oder einzelne berufsfeldspezifische Kompetenzen werden mit klarer, gut nachvollziehbarer, tätigkeitsbasierter Begründung ausgewählt und systematisch mit Quellenangaben und individuellem Bezug beschrieben.	
b. „SMART"e Formulierung der eigenen Kompetenzentwicklungsziele	Einzelne der SMART-Kriterien werden korrekt angewandt.	Die SMART-Kriterien werden zumeist korrekt angewandt und einzelne begründet.	Alle SMART-Kriterien werden korrekt angewandt und begründet.	Alle SMART-Kriterien werden korrekt angewandt und gut nachvollziehbar mit individuellem Bezug begründet.	
c. ...					
2. Reflexion (50%)					
a. Selbstkritische Durchführung der Zwischenkontrollen und Durchführung evtl. erforderlicher Anpassungen bei Zielen und/oder Plänen	Die Zwischenkontrollen werden in ihren Ergebnissen beschrieben. Eine Anpassung wird nicht diskutiert.	Die Zwischenkontrollen werden einschl. der erhaltenen Feedbacks in ihren Ergebnissen beschrieben und teilweise auf die eigenen Entwicklungsziele hin reflektiert. Eine Anpassung wird nur ansatzweise diskutiert.	Die Zwischenkontrollen werden einschl. der erhaltenen Feedbacks in ihren Ergebnissen beschrieben und auf die eigenen Entwicklungsziele hin reflektiert. Erforderliche Anpassungen werden diskutiert.	Die Zwischenkontrollen werden einschl. der erhaltenen Feedbacks in ihren Ergebnissen beschrieben und sorgfältig auf die eigenen Entwicklungsziele hin reflektiert. Erforderliche Anpassungen werden diskutiert und begründet.	
b. ...					

Tab. 2: Praxisbeispiel für den Einsatz von Rubrics
Quelle: Eigene Darstellung

Praxistipp
Rubrics kooperativ entwickeln

Entwickeln Sie die Rubrics gemeinsam mit den Studierenden und setzen Sie sie so früh wie möglich in der Lehrveranstaltung ein. Sobald die Studierenden sich in die Thematik eingearbeitet haben, sind sie dazu in der Lage, wesentliche Kriterien für eine gute Leistung zu benennen. Dies lässt sich für deren Perspektivwechsel nutzen und um sie mit Bewertungsfragen vertraut zu machen. Je intensiver die Beteiligung der Studierenden, desto größer deren Motivation, die Kriterien auch anzunehmen.
Am besten wenden Sie als Lehrperson die Kriterien zum Üben mehrfach an. Dies kann sich auf Teile des Katalogs beziehen oder auch auf alle Kriterien. Die Abschlussleistung wird dann immer nach allen Kriterien bewertet.

Solch ein Bewertungsraster lässt sich vielseitig einsetzen. Wenn Sie als Lehrperson die Bewertung selbst vornehmen, sind die Rubrics gut geeignet, um die erhaltenen studentischen Arbeitsergebnisse verständlich und transparent zu machen. Um Studierende schon vorher mit den Kriterien vertraut zu machen und ihnen auch eine alternative Perspektive anzubieten, nämlich die der Prüfenden, können sie sich bereits in der Lern- oder Übungsphase selbst wie auch gegenseitig bewerten (siehe Kapitel 7, Steckbrief „Self-Assessment“). Eine Kombination aus beidem stellt der nachfolgende Praxistipp dar.

Praxistipp
Bewertungsergebnisse mit Hilfe von Rubrics verständlich machen

Wenn Sie als Lehrperson studentische Leistungen in der Lernphase mit Rubrics bewertet haben, erläutern Sie Ihre Einstufungen nicht, sondern lassen Sie die Studierenden sie zuerst im Peer-Feedback nachvollziehen. Bilden Sie dazu Dreiergruppen, in denen die Studierenden sich ihre eingereichten eigenen Leistungen wie auch die von Ihnen vorgenommene Bewertung ansehen und gemeinsam diskutieren. Sie werden überrascht sein, wie gut sich die Studierenden die Bewertungen gegenseitig plausibel machen können und wie wenige Fragen zum Ende noch offen sind.

Ein großer Vorteil von Rubrics zeigt sich darin, dass jede Bewertung kriteriengestützt und damit automatisch ein Feedback ist, weil es lernstandsrelevante und entwicklungsbezogene Informationen enthält. Das Feedback ist dabei umso wertvoller, je früher es gegeben wird, je sorgfältiger die verschiedenen Qualitätsstufen ausgearbeitet sind und je mehr Studierende sie sich im Laufe der Lehrveranstaltung zu eigen machen können.

Wenn Lehrende solche Rubrics sowohl in der Lern- als auch in der Prüfungsphase verwenden, können Studierenden ihre Anstrengungen über die gesamte Zeit hinweg auf das vorgegebene Lernziel ausrichten. Zudem haben sie Gewissheit, am Ende auch nach den bekannten Standards geprüft zu werden. Vorteile der Verwendung von Rubrics entstehen für Lehrende sowohl beim unmittelbaren Feedback wie auch bei der (finalen) Bewertung, weil sich diese systematisch und recht zügig durchführen lässt, wenngleich zuvor in deren Erstellung investiert werden muss.

Als Grundprinzip lässt sich festhalten: Lern- und Leistungskontrollen (Assessments) sollten nach Möglichkeit immer so gestaltet werden, dass beide – Lernende wie Lehrende - erkennen können, wo die Lernenden stehen. Hattie nennt dies „Lernen sichtbar machen" (Hattie, 2012). Das ist essentiell für einen koproduktiven Lernprozess. Lernende erhalten Feedback zu ihren Leistungen und können Verbesserungen anstreben. Lehrende können die sichtbar gemachten Leistungen einschließlich des Feedbacks auswerten, um ihr Lehrangebot, ihre Lehr-„Leistung", neu zu justieren.

4 Studierende ins Gespräch bringen: Peer-Feedback gestalten

Peer-Feedback ist ein Anlass, um mit Gleichrangigen über die Fachinhalte und den Lernprozess ins Gespräch zu kommen (Schulz, 2012). In der Lehre systematisch eingesetzt, fördert es zum einen die aktive Auseinandersetzung der Studierenden mit ihrem eigenen Lernen und mit fachlichen Inhalten. Die Überprüfung der Arbeit anderer Studierender fördert zudem das Verstehen, was als eine gute Leistung gilt und weshalb. Dadurch wird wiederum auch die eigene Leistungsfähigkeit gefördert. Peer-Feedback verbessert darüber hinaus das disziplinäre Denken, da es den Studierenden immer auch eine inhaltliche Begründung und Erläuterung abverlangt.

Peer-Feedback ist ein Dialog unter Kommiliton:innen, der von Lehrenden initiiert und angeleitet wird. Um die eigenen Leistungen realistisch einschätzen zu können, brauchen die Studierenden Lehr-Lernsituationen, in denen sie das gegenseitige Feedback geben und nehmen ausprobieren können (Hattie & Clarke, 2018). Beim Peer-Feedback geben Studierende anhand vorher festgelegter Kriterien Feedback zu einer erbrachten Leistung anderer Studierender. Damit üben sie eine kritisch-konstruktive Haltung und Methoden von Rückmeldung ein, was ein integraler Bestandteil akademischer Praxis ist.

Boud und Molloy (2013) schlagen vor, dass Peer-Feedback mündlich, schriftlich und gesprächsorientiert angeboten werden sollte, um die Bedürfnisse und Präferenzen aller Lernenden zu berücksichtigen. Sie betonen, dass das Ziel darin besteht, Feedback zu einem integralen Bestandteil des Lernprozesses zu machen und die Lernenden in die Lage zu versetzen, Feedback effektiv zu geben und zu empfangen, um ihr eigenes Lernen und das ihrer Mitstudierenden zu unterstützen (Boud & Molloy, 2013).

Peer-Feedback kann einmalig oder mehrmals erfolgen:

In peer feedback, students engage in reflective criticism of the work or performance of other students using previously identified criteria and supply feedback to them. This may be a 'one–off' activity or involve a series of meetings during which students supply feedback to peers on increasingly polished versions of a piece of (written) work (Falchikov, 2001, 2).

Nach der Durchführung eines Peer-Feedbacks sollten die Studierenden ausreichend Zeit zur Verfügung haben, um die gewonnenen Erkenntnisse anzuwenden. Hattie & Clarke (2018) betonen, dass Peer-Feedback eine wertvolle Ergänzung zum Feedback der Lehrenden ist, da es den Studierenden untereinander ermöglicht, sich aktiv mit den Lerninhalten auseinanderzusetzen und ihr Verständnis zu vertiefen. Gruppenarbeitsphasen und Tutorien eignen sich besonders gut für die kritische Analyse mit Peer-Feedback, so Hattie und Clarke (2018), da in diesen Lehr-Lernformaten das Lernen von- und miteinander im Vordergrund steht.

4.1 Lerninteraktionen: Feedback in Gruppenarbeitsphasen

In fast allen Studiengängen sind Gruppenarbeitsformen integriert: als Projektstudium oder Fallarbeit, in Experimenten im Labor, über forschendes Lernen in Praxisprojekten oder als Arbeitsphasen in einzelnen Lehrveranstaltungen. Der Erwerb von fachlichen Erkenntnissen wird dabei kollaborativ ebenso gestärkt wie die Entwicklung von kommunikativen Fähigkeiten, Teamwork, Frustrationstoleranz und Zeitmanagement. Denn eine Aufgabe gemeinsam zu bearbeiten, braucht Absprachen, gegenseitiges Vertrauen und das Engagement aller Beteiligten.

Lehrenden stehen verschiedene Gestaltungsmöglichkeiten für die Integration von Peer-Feedback in Gruppenarbeitsphasen zur Verfügung: angefangen von der Bereitstellung einführender Arbeitsmaterialien und klaren Peer-Feedbackaufträgen, über Gruppensettings bis hin zur Ergebnissicherung anhand transparenter Bewertungsraster.

Bei der Integration dialogorientierter Feedbackverfahren haben Lehrende also die Aufgaben:

- Studierende auf das Peer-Feedback in der Gruppenarbeit vorzubereiten (Feed-Up) und
- die Gruppenarbeit mit Feedback zu begleiten und abzuschließen.

Hattie und Clarke (2018) zeigen auf, dass das Peer-Feedback in Gruppenarbeitsphasen nicht nur eine Möglichkeit zur Bewertung von Lernenden ist, sondern ein Teil des Lernprozesses selbst. Durch das Peer-Feedback können Studierende ihre Fähigkeiten zur Selbstreflexion und zur kritischen Analyse weiterentwickeln, was zu einem tieferen Verständnis der Lerninhalte und zum Lernen motivieren kann (Hattie & Clarke, 2018; Boud & Molloy, 2013). Das Peer-Feedback wird im Studienverlauf für Studierende zu einem wichtigen Bestandteil ihres möglichen Studienerfolgs.

Feed-Up: Peer-Feedback in Gruppenarbeitsphasen vorbereiten

Durch das Peer-Feedback können Studierende ihre eigenen Stärken und Schwächen erkennen und gezielter Unterstützung für ihren Lernerfolg suchen. Damit das gelingt, ist es wichtig zu üben, wie konstruktives Feedback gegeben und aufgenommen werden kann und dabei zu lernen, das Feedback auf die Leistung zu beziehen und nicht auf die Person. Die Vorbereitung der Gruppenarbeit ist ebenso Bestandteil des Feed-Up, wie das Feedback zu den gegenseitigen Erwartungen und dem darauf beruhenden Arbeitsbündnis zur Gestaltung und zum Umgang mit dem Feedback. Boud und Molloy (2013) betonen, dass Peer-Feedback nicht einfach durchgeführt werden kann, sondern sorgfältig geplant und gestaltet werden muss, um wirksam zu sein. Wichtig sind die Transparenz der Zielsetzungen, klare Arbeitsanweisungen und Regeln für das Peer-Feedback sowie die Entwicklung eines Miteinanders, das respektvoll und konstruktiv ist (Boud & Molloy, 2013).

Um die Studierenden für gruppendynamische Prozesse zu sensibilisieren und sie auf die Zusammenarbeit vorzubereiten, empfiehlt es sich zu Beginn einer Gruppenarbeitsphase, die Zusammensetzung und Zusammenarbeit miteinander zu planen und zu besprechen, wie die Abfolge der Arbeitsphasen in Kleingruppen und Großgruppe gestaltet werden kann. Wenn Studierende bisher wenig Erfahrung mit der Zusammenarbeit in einer Gruppe gemacht haben, ist es sehr hilfreich, eine kurze Probearbeitsphase zu ermöglichen oder auch eine gruppendynamische Übung zu nutzen. Beispielsweise können hier die Übungen „Sin Obelisk" oder „Rostopschin" (siehe Kapitel 7 Steckbriefe) dazu beitragen, sich selbst auszuprobieren und in einem Testlauf herauszufinden, wie und mit wem eine Zusammenarbeit gut funktioniert. Sie lernen bereits beim Üben fachliche Inhalte und soziale und kommunikative Fähigkeiten, die sie in der späteren Zusammenarbeit in der Gruppe unterstützen.

Praxistipp: Studierende für indirektes Feedback sensibilisieren

Indirektes Feedback findet in der Gruppenarbeit permanent statt. Jedes Verhalten, wie beispielsweise aufmerksam zuhören, sich an Diskussionen beteiligen, schweigen, auf das Handy sehen, die Augen rollen, gähnen, an die Decke gucken, die Kamera in Videokonferenzen ausschalten, klatschen, lächeln, Augenkontakt halten usw. wird von den anderen Gruppenmitgliedern als Rückmeldung auf die gemeinsame Arbeit interpretiert oder auch als Reaktion auf die eigene Person verstanden. Um Fehlinterpretationen zu vermeiden, bietet sich ein direktes Feedback an, um Beziehungen untereinander zu klären, sich gegenseitig Wertschätzung zu zeigen, sich zu respektieren und ernst zu nehmen (Klein, 2010, 203 f.).
Lehrende können die Studierenden in der Vorbereitung auf Gruppenarbeitsphasen dazu einladen, sich in Tandems gegenseitig im Verhalten zu beobachten. Nach der Gruppenarbeitsphase können sich die Tandem-Partner:innen über ihre Interpretationen der jeweiligen Gestik und Mimik austauschen und aufklären. Diese Übung sensibilisiert für das eigene Verhalten in der Zusammenarbeit.

Wenn Studierende Gruppen selbst bilden, dann machen sie das häufig nach dem Motto „Gleich und Gleich gesellt sich gern", d.h. sie teilen ähnliche Werte und Einstellungen (Linde & Auferkorte-Michaelis, 2021). Allerdings können gerade Unterschiede in Wissen oder Erfahrung oder auch andere Perspektiven, das Peer-Feedback in der Gruppe bereichern und dabei helfen, in der gemeinsamen Arbeit kreative und innovative Lösungen zu entwickeln (van Knippenberg & Schippers 2007, 517ff.). Es empfiehlt sich dazu, einen Wechsel zwischen Groß- und Kleingruppenarbeit zu organisieren, um den Austausch und das Peer-Feedback aus den Kleingruppen auch in der Großgruppe nutzen zu können (Klein, 2010, 216).

Es finden sich in der Literatur verschiedene Empfehlungen für die optimale Gruppengröße, in der Regel liegt sie im Lehr-Lernkontext bei drei bis maximal fünf Personen (z.B. ZSL, o.J.). Die Gruppengröße hängt generell von der zu erledigenden Aufgabe ab und sollte nicht auf zu viele Teilnehmende anwachsen, da die Gruppenarbeit dann ineffizient und ineffektiv wird (Metz-Göckel, 2013).

Durch das Feed-Up wird Transparenz darüber erzeugt, was von den Studierenden in der Gruppenarbeit erwartet wird. Den Studierenden fällt es dann leichter, die Arbeitsergebnisse und Lerninteraktionen in der Gruppe zu bewerten. Das Peer-Feedback in Gruppenarbeitsphasen fördert die eigene Kritikfähigkeit und das kritische Denken der Studierenden, indem sie lernen und üben, ihre Leistung und die Leistung ihrer Mitstudierenden einzuschätzen und konstruktiv zurückzumelden.

Mit Peer-Feedback Gruppenarbeitsphasen begleiten und auswerten

Für Lehrende öffnen dokumentierte Peer-Feedbacks einen „Schlüssellochblick“ in die sonst unsichtbaren Arbeitsprozesse in der Gruppe. Zum Beispiel können Lehrende von den Studierenden ein Lernportfolio (siehe Steckbrief „Lernportfolio“ in Kapitel 7) einfordern, in dem das eigene Lernen, Lernfortschritte, Erkenntnisse und Ergebnisse aus individuellen Leistungen bzw. Beiträge zur Gruppenarbeit dokumentiert und mit Kommiliton:innen diskutiert werden. Dazu tauschen die Studierenden ihre Lernportfolios untereinander aus und geben sich Feedback auf die Inhalte, die Gestaltung und sie reflektieren gemeinsam die dokumentierten Lernergebnisse. Eine weitere Möglichkeit besteht darin, wenn mehrere Kleingruppen parallel arbeiten, dass sie gegenseitig ein Peer-Review der Lernportfolios durchführen. Dafür nutzen die Studierenden festgelegte Bewertungskriterien (ggf. von der Lehrperson festgelegt oder gemeinsam entwickelt, siehe Kapitel 3.2). Die Studierenden können ihre Lernportfolios als Grundlage für eine Präsentation nutzen und in der Gruppe diskutieren. Sie können von den Lernergebnissen, den Erfahrungen und Perspektiven ihrer Peers profitieren und ihre eigene Leistung verbessern. Für die Optimierung des eigenen Lernportfolios ist es wichtig, dass nach der Peer-Feedbackphase eine Überarbeitungsphase vorgesehen wird. Das Lernportfolio kann von den Lehrenden als komplette Prüfungsform eingesetzt oder auch nur ergänzend zu dem Gruppenarbeitsergebnis für die individuelle Bewertung herangezogen werden. Die Dokumentationen können eine faire Bewertung von Arbeitsergebnissen unterstützen.

Bei der Gestaltung der Gruppenarbeitsphasen haben die Lehrenden die Wahl, ob sie die Gruppe beobachten, begleiten oder eigenverantwortlich arbeiten lassen. Je eigenverantwortlicher Studierende in Gruppenarbeitsphasen lernen, desto wichtiger wird das Peer-Feedback der Studierenden für die Lehrenden, um Einblicke in den Lernprozess und -fortschritt der Studierenden zu erhalten. Rückmeldungen von Studierenden in der Gruppenarbeit beziehen sich häufig auf organisatorische Rahmenbedingungen und das Gruppenergebnis. Seltener reflektieren Studierende ihren eigenen Beitrag zum Gelingen der gemeinsamen Arbeit, üben Kritik untereinander oder unterbreiten Optimierungsvorschläge. Hattie & Clarke (2018) empfehlen Lehrenden beispielsweise, mit Peer-Feedbackformularen oder Feedbackguides die Studierenden darin zu unterstützen, konstruktives Feedback zu geben und zu empfangen und dadurch die Zusammenarbeit und das Lernen in der Gruppe zu verbessern. Feedbackformulare oder -guides enthalten eine Zusammenstellung von Leitfragen, die das Peer-Feedback steuern. Zur Auswertung von Gruppenarbeitsphasen bieten sich beispielsweise folgende Fragen an (in Anlehnung an Francis & Young, 2007, 218 f.):

- Welche Ergebnisse hat die Gruppe erzielt? Was fehlt noch?
- Was hat der Gruppe bei der Lösung der Aufgabe geholfen? Was war hinderlich?
- Wer hat sich beteiligt? Wer hat sich zurückgehalten?
- Wie haben Sie den Lösungsprozess bzw. den Lernprozess erlebt?
- Was hätte die Leistung der Gruppe verbessert? Was hätten Sie dazu beitragen können?

Das Peer-Feedback in Gruppenarbeitsphasen kann noch umfassender gestaltet werden, indem das persönliche Wohlbefinden und die Leistungsfähigkeit thematisiert werden, über Zeitdruck, Prüfungsstress, Kontaktschwierigkeiten, finanzielle Sorgen oder zukunftsbezogene Ängste gesprochen wird. Dieser lebensweltbezogene Ansatz öffnet den Blick auf die Herausforderungen des Studienalltags insgesamt und kann das Zugehörigkeitsgefühl der Studierenden fördern (Dincer & Latta, 2022, 4; Lutz-Kopp et al., 2018, 256ff.).

Die Leitfragen werden unter den Studierenden diskutiert und der eigene Arbeitsprozess wird reflektiert. Die Auswertung bzw. die Ergebnisse des Peer-Feedbacks werden anschließend mit der Lehrperson besprochen. Das Feedback der Lehrperson berücksichtigt das Peer-Feedback der Studierenden und integriert das eigene Feedback zu den erbrachten Leistungen. Hey, Pietruschka, Jöns und Bungard (1999) betonen, dass das Feedback der Lehrperson auf Gruppenarbeit unterschiedliche Aspekte enthalten sollte, dazu gehören Rückmeldungen auf die Zusammenarbeit in der Gruppe, ihre Leistung sowie individuelle Aspekte. Erhält eine Gruppe keine Rückmeldung zu ihrer Leistung, wird es sehr schwierig, die Leistungserbringung und die Arbeit in der Gruppe produktiver zu gestalten.

Zusammenfassend lässt sich festhalten, dass Peer-Feedback in Gruppenarbeitsphasen einerseits die Studierenden in ihrer Selbstreflexion und Selbsteinschätzung eigener Leistungen unterstützt, die Interaktion und Zusammenarbeit der Studierenden untereinander aktiviert und sie gleichzeitig lernen, wertschätzend und konstruktiv miteinander umzugehen. Darüber hinaus vertiefen sie ihre eigenen fachlichen Kenntnisse durch die Einschätzung der Leistungen anderer. Die Lehrenden erhalten Einblicke in den Lernprozess der Studierenden und können das Peer-Feedback der Studierenden für die Gestaltung von Lehren und Lernen sowie bei der Bewertung von Leistungen nutzen. Sie profitieren von der Perspektivenvielfalt der Studierenden und können letztlich ihre eigene Lehrpraxis weiterentwickeln.

4.2 Fachtutorien: Feedback aus studentischen Lerngruppen

In Lehrveranstaltungen mit hohen Studierendenzahlen – z.B. Einführungsveranstaltungen oder große Vorlesungen – haben Studierende seltener Gelegenheit, intensiv über Fachinhalte zu diskutieren als in Seminaren oder bei Projektarbeiten. Um Studierende untereinander ins Gespräch über Fachinhalte zu bringen, werden an vielen Hochschulstandorten ergänzende Fachtutorien angeboten. In solchen Fachtutorien können Studierende in Gruppen von i.d.R. bis zu 30 Studierenden Inhalte der Lehrveranstaltung nachbereiten, Fragen klären und über Schwierigkeiten bei der Prüfungsvorbereitung sprechen. Angeleitet werden sie dabei von Fachtutor:innen – Studierende aus höheren Semestern –, die die Veranstaltung bereits erfolgreich absolviert haben und die ihre Kommiliton:innen mit Fachwissen, Lerntechniken und Feedback unterstützen (Kopp et al., 2009, 691).

Fachtutor:innen stehen die gleichen Feedbackmöglichkeiten zur Verfügung wie den Lehrenden auch. Sie können Feedbackmethoden einsetzen, um mit den Studierenden über die Gestaltung des Tutoriums ins Gespräch zu kommen. Sie können den Kommiliton:innen Feedback zu deren Leistungen geben (z.B. zu Hausaufgaben, Präsentationen und der Mitarbeit im Tutorium). Und bei Herausforderungen in der eigenen Tutorienpraxis können sie sich Feedback von anderen Tutor:innen oder den Lehrenden einholen.

Feedback aus Fachtutorien kann systematisch für die Weiterentwicklung der zugehörigen Lehrveranstaltungen genutzt werden. Im Folgenden werden Anregungen gegeben, wie Fachtutor:innen beim Einsatz von Feedbackmethoden durch Lehrende unterstützt werden können und wie Feedbackergebnisse aus den Tutorien rückgekoppelt und in der Lehrpraxis genutzt werden können.

Feed-Up: Fachtutor:innen beim Feedbackeinsatz unterstützen

Fachtutor:innen können zur Vorbereitung auf die Tutor:innentätigkeit an hochschuldidaktischen Qualifizierungsangeboten teilnehmen und haben dort i.d.R. auch Gelegenheit, Einsatzmöglichkeiten von Feedback im Tutorium kennen zu lernen. Wenn sie keine Qualifizierung wahrgenommen haben, können sie zumeist auf Feedbackerfahrungen aus ihrem Studium zurückgreifen: denn in diesem haben sie an Lehrveranstaltungsevaluationen teilgenommen, Feedback auf ihre Studienleistungen erhalten und teilweise selbst Peer-Feedback an Kommiliton:innen gegeben.

Praxistipp: Hochschuldidaktische Qualifizierung für Fachtutor:innen

Empfehlen Sie Ihren Fachtutor:innen die Teilnahme am hochschuldidaktischen Qualifizierungsangebot? Noch nicht? Dann nehmen Sie doch Kontakt zur hochschuldidaktischen Einrichtung Ihrer Hochschule auf oder bitten Sie Ihre Fachtutor:innen Kontakt zu suchen.
In den Qualifizierungen reflektieren die Fachtutor:innen ihre Rolle und Aufgaben. Sie lernen didaktische Grundlagen kennen und erarbeiten, wie sie das Fachtutorium so gestalten können, dass dort Studientätigkeiten erprobt und studentisches Fachwissen kooperativ erweitert werden kann.
Im Gespräch mit den Kolleg:innen aus der Hochschuldidaktik können Weiterbildungsschwerpunkte besprochen, Termine abgestimmt und Erwartungen geklärt werden.

Regelmäßige Teambesprechungen zwischen Lehrenden und Fachtutor:innen können dabei helfen, die beiden Formate Lehrveranstaltung und Tutorium systematisch miteinander zu verzahnen (Aichner et al., 2013, 40f.). Lehrende wie Fachtutor:innen haben in solchen Treffen die Gelegenheit, Inhalte der Lehrveranstaltungen und der Fachtutorien zu besprechen, Medien sowie Methoden abzustimmen und Veranstaltungsmaterialien/Übungsaufgaben durchzugehen. Die Treffen können zudem genutzt werden, um Erwartungen an die Vorbereitung, Durchführung und Nachbereitung der Tutorien zu klären und Feedback zu teilen.

Um Fachtutor:innen beim Einsatz von Feedbackmethoden zu unterstützen, können Lehrende mit ihren Fachtutor:innen analog zum Veranstaltungsablauf einen Feedbackplan entwickeln. Sie können dort folgendes festhalten:

- warum sie Feedback im Tutorium einholen möchten,
- zu welchen Themen/Fragen sie Feedback bekommen möchten,
- wann sie welche Feedbackmethode im Tutorium einsetzen möchten,
- wie viel Zeit sie für den Feedbackeinsatz einplanen und
- wie sie die Feedbackergebnisse nutzen möchten.

Feedback aus Tutorien in der Lehrpraxis nutzen

Für den Einsatz in Tutorien eignen sich Feedbackmethoden wie z.B. Blitzlicht, Zielscheibe oder Fünf-Finger-Feedback (vgl. Kapitel 7). Mit ihnen kann zum Ende einzelner Tutoriensitzungen im Dialog (Blitzlicht und Fünf-Finger-Feedback) oder per Abstimmung (Zielscheibe) Feedback zum Tutorium, zum Lernzuwachs und zu Verständnisproblemen eingeholt werden. Fachtutor:innen können im Nachgang der Tutoriensitzungen Feedbackergebnisse, Rückfragen, Beobachtungen und eigene Reflexionen notieren.

Praxis-Tipp: Feedbackdokumentation

Um das Feedback aus den Tutorien zu bündeln, empfehlen wir, das Feedback von den Tutor:innen über ein Datenblatt in einer Hochschul-Cloud wie z.B. sciebo zusammentragen zu lassen. Lehrende wie Tutor:innen können so auf die Rückmeldungen zugreifen und in den Teambesprechungen beraten, was in der Lehrveranstaltung und/oder in den Tutorien ergänzt oder verändert werden kann.
Über eine derart gebündelte Dokumentationsform können systematische Muster bei Lernschwierigkeiten und Verständnisproblemen aufgedeckt, Unterstützungsbedarf markiert und Gestaltungswünsche erfasst werden. Im Fokus der Nachbesprechung steht dabei nicht der/die einzelne Fachtutor:in, sondern die gesamte Tutorienarbeit und ihr Zusammenwirken mit der dazugehörenden Lehrveranstaltung.

<table>
<tr><th colspan="3">Feedbackbogen für Tutor:innen | Sitzungsnummer: ____</th></tr>
<tr><td>Eingesetzte Methode: Blitzlicht</td><td>Antworten zu Frage 1:
z.B. Was haben Sie (die Studierenden) aus der Tutoriensitzung mitgenommen?
1. ....
2. ....
3. ....</td><td>Antworten zu Frage 2:
z.B. Wo haben Sie (die Studierenden) noch Klärungs- oder Übungsbedarf?
1. ....
2. ....
3. ....</td></tr>
<tr><td>Rückfragen aus der Sitzung</td><td colspan="2">Hier können Rückfragen aus der Tutoriensitzung notiert werden.
Über Fragen an die Fachtutor:innen wird deutlich, welche Inhalte für die Studierenden schwierig zu verstehen sind, bzw. bei welchen Themen sie vertieftes Erkenntnisinteresse haben.</td></tr>
<tr><td>Beobachtungen der Fachtutor:innen</td><td colspan="2">Hier können die Fachtutor:innen ihre eigenen Beobachtungen zur Sitzung festhalten.
Probleme beim Lösen von Aufgaben und Quizzen sind ebenso Indikatoren für Wissenslücken wie ausbleibende Abgaben von Hausaufgaben oder Übungszetteln.
Neben inhaltlichen Beobachtungen können sie hier auch organisatorische Schwierigkeiten (wie z.B. Probleme beim Zeitmanagement, fehlende technische Ausstattung, Prüfungsangst) aufschreiben.</td></tr>
<tr><td>Reflexion der Fachtutor:innen</td><td colspan="2">Fachtutor:innen können hier ihre eigenen Erfahrungen zur Tutoriensitzung ergänzen. Dazu können sie sich an Leitfragen orientieren, wie z.B.:
• Was ist mir in der Tutorien-Sitzung gelungen?
• An welchen Stellen hatte ich Schwierigkeiten?
• Wobei brauche ich Unterstützung (von den Studierenden, Tutor:innen, Lehrenden)?
Alternativ könnten die Fachtutor:innen begleitend zu ihrer Tutor:innentätigkeit ein Lernportfolio führen (siehe Steckbrief „Lernportfolio“) und an dieser Stelle Auszüge aus ihrer persönlichen Reflexion teilen.</td></tr>
</table>

Tab. 3: Beispiel Feedbackbogen für Tutor:innen
Quelle: Eigene Darstellung

Die nahezu hierarchiefreie Lernatmosphäre in Tutorien begünstigt Feedbackprozesse. Im kollegialen Austausch zwischen Tutor:innen und Studierenden werden Verständnisschwierigkeiten und Studienprobleme deutlicher sichtbar als in Vorlesungen oder Sprechstunden (Aichner et al., 2013). So erhalten Lehrende im Austausch mit den Tutor:innen zusätzliche Informationen, wie Lehrveranstaltungen studierendenorientiert weiterentwickelt werden können.

5 Kollegiales Feedback für die Lehrpraxis

Mit Kolleg:innen über die Lehre ins Gespräch zu kommen ist keine Selbstverständlichkeit auf den Fluren vieler Hochschulen. Mit veränderten Aufgaben der Lehrenden von Wissensvermittler:innen hin zu Lernbegleiter:innen wächst nicht nur der Aufwand für die Beratung Studierender, auch der eigene Beratungsbedarf steigt in einem sehr vielfältigen Lehralltag. Neben nicht überall verfügbaren hochschulweiten Angeboten für Supervision oder Coaching gibt es immer (Peer-)Feedbackmöglichkeiten unter Kolleg:innen, die den Austausch über die eigene Lehrpraxis ermöglichen und gleichzeitig die Zusammenarbeit untereinander stärken können.

Wer sich kollegiales Feedback nicht selbst organisieren möchte, kann sich in der eigenen Hochschule an hochschuldidaktische Einrichtungen oder auch Abteilungen für Personalentwicklung wenden, die entsprechende Angebote individuell gestalten, ermöglichen oder koordinieren können. An den meisten Hochschulen gibt es inzwischen hochschuldidaktische Angebote für kollegiale Feedbackformate. Neben zertifizierten Weiterbildungsprogrammen, in denen Workshops zu Feedbackmethoden zum Repertoire gehören, werden zumeist auch individuelle Beratungsangebote wie Coaching und Supervision für Einzelne oder Gruppen unterbreitet, in denen Feedback durch Kolleg:innen und Hochschuldidaktiker:innen für die Weiterentwicklung der eigenen Lehrpraxis genutzt werden kann.

Nachfolgend geht es um das kollegiale Feedback unter Lehrenden auf Lehrkonzepte und Lehrverhalten sowie die selbstreflexive Arbeit mit Lehrportfolios als Möglichkeit, dieses Feedback systematisch zu strukturieren und für die Weiterentwicklung der eigenen Lehrpraxis zu nutzen. Die eigene Reflexionsarbeit unterstützt eine klare Kommunikation über die eigene Lehrhaltung und die eigenen Erwartungen an Kolleg:innen wie auch Studierende, die Lehrende besser kennen und verstehen lernen, wenn diese ihre Erwartungen und Haltungen kundtun.

Nachfolgend werden drei kollegiale Feedbackmöglichkeiten beschrieben - Kollegiale (Fall-)Beratung, Lehrveranstaltungsevaluation und Lehrportfolio - und im Methodenteil mit Übungen angereichert, die zum Ausprobieren einladen sollen (vgl. Kapitel 7 Steckbriefe „Lehrhospitation", „Kollegiale Fallberatung" & „Schreibübungen Lehrportfolio").

5.1 Ich habe da eine Frage: Kollegiale Fallberatung

Kollegiale Fallberatung, auch Intervision oder interkollegiales Feedback genannt, ist ein Format des fachlichen Austausches unter Kolleg:innen, ohne definierte hierarchische Struktur. Für Lehrende an Hochschulen steht dabei der Lehralltag als gemeinsames Arbeitsgebiet im Fokus, d.h. die Kolleg:innen können aus unterschiedlichen Fächern oder Disziplinen kommen. Oftmals ist der disziplinfremde Blick sogar besonders hilfreich, um Anregungen für die eigene Lehre mitzunehmen oder auch einbringen zu können.

In der kollegialen Beratung werden Lehrende zu Lernenden und bilden gemeinsam eine voneinander bzw. miteinander lernende Gruppe, die sich mit eigenen alltagspraktischen Erfahrungen auseinandersetzt. Bürgisser (2006) betont den Aspekt selbstorganisierten Lernens als eine grundlegende Eigenschaft der kollegialen Beratung bzw. Intervision, bei der

> die Lernenden selbst die Initiative ergreifen, ihre Lernbedürfnisse artikulieren, daraus Lernerwartungen und Lernziele ableiten, die notwendigen Ressourcen organisieren, Lernstrategien auswählen, die Lernformen aushandeln und den Lernprozess selbst evaluieren (Bürgisser, 2006, 567).

In der Gruppe beraten sich die Kolleg:innen untereinander. Erfahrungen und auch Kompetenzen anderer Lehrender können mit den eigenen Lehrerfahrungen verglichen und für die eigene Lehrpraxis genutzt werden. Die kollegiale Beratung ist dabei zugleich immer auch Arbeit an der eigenen inneren Haltung, zu beobachten und nicht direkt zu bewerten, die eigenen Fragen in den Hintergrund zu stellen und darauf zu achten, positives wie negatives Feedback konstruktiv zu formulieren und auch ebenso entgegenzunehmen. Kühl und Schäfer (2020) nennen in diesem Zusammenhang drei Prinzipien für interkollegiales Feedback, damit eine professionelle Reflexion ermöglicht wird:

1. Achte auf Definitionen und Bewertungen, die du vornimmst (oder: ‚Es könnte auch alles ganz anders sein')!

2. Besinne dich auf deine persönliche Verantwortung (oder: ‚Es gibt kein Richtig oder Falsch, aber du bist Teil des Kontextes, und alles, was du tust, hat Konsequenzen!')!

3. Begegne deinen Kolleg:innen (Änderung durch die Autor:innen) mit liebevoller Achtung vor ihrem Eigen-Sinn (oder: ‚Dein Gegenüber ist genau wie du – nur anders!')!

(Kühl & Schäfer 2020, 35, zitiert nach Erpenbeck 2017, 118 ff.)

Das respektvolle Miteinander und die wertschätzende Haltung schaffen eine vertrauensvolle Atmosphäre, in der die kollegiale Beratung stattfindet. Ausgangspunkt ist immer eine konkrete Situation im Lehralltag, in der den/die Fallgeber:in eine Frage, ein Problem oder eine besondere Herausforderung beschäftigt. Darüber wird den Kolleg:innen berichtet, um anschließend gemeinsam zu beraten. Dabei ist es wichtig, dass es sich um eine ganz konkrete Situation aus der Praxis handelt, die sehr kleinteilig geschildert werden kann und nicht lediglich um flüchtige Eindrücke. Erst durch die Konkretisierung der Situation werden die Kolleg:innen in die Lage versetzt, diese nachzuerleben und eigene Interpretationen und Lösungsvorschläge zu entwickeln. In der Gruppe sind alle beteiligt, aber mit unterschiedlichen Rollen: als Falleinbringer:in, als Moderator:in oder als Berater:in. Die Rollen und die zugehörigen Aufgaben (Tietze, 2010, 42) werden in der kollegialen Beratung sehr sorgfältig unterschieden und sollten von den Beteiligten konsequent eingehalten werden:

Falleinbringer:in / Erzähler:in
- wird zu einer aktuellen beruflichen Praxissituation beraten
- schildert seine/ihre Perspektive der konkreten Situation aus der Lehrpraxis
- formuliert eine Schlüsselfrage
- formuliert, wie die beratende Gruppe unterstützen kann

Moderator:in

- leitet die Gruppe anhand der Phasen an
- achtet auf die Zeit und Einhaltung der rollenbezogenen Regeln
- übernimmt Verantwortung für einen wertschätzenden Umgang und die Beteiligung aller Kolleg:innen
- unterstützt ggf. bei der Praxisbeschreibung bzw. Falleinbringung durch klärende Fragen

Berater:innen

- lassen sich von der moderierenden Person anleiten
- hören aktiv zu und klären ihre Verständnisfragen
- bieten ihre eigenen Ideen und Perspektiven an

Es ist wichtig, dass die Kolleg:innen sich auf ihre jeweilige Rolle fokussieren. Es geht dabei nicht darum, sich zu verstellen und die Rolle nur zu spielen, sondern vielmehr, sie tatsächlich mit Leben zu füllen (Schmid et al., 2019).

Für die Durchführung kollegialer Beratungen wird in diesem Band eine Handreichung zur Verfügung gestellt, die die Phasen des Gesprächsverlaufs strukturiert und zum Ausprobieren einlädt (siehe Kapitel 7 Steckbrief „Kollegiale Fallberatung"). Der Erfahrungsaustausch unter Kolleg:innen kann durch die im folgenden Abschnitt dargestellten „live"-Beobachtungen in Lehrveranstaltungen angeregt und bereichert werden.

5.2 Türen auf: Lehrveranstaltungshospitation

Gegenseitige Besuche der Lehrveranstaltungen von Kolleg:innen werden auch als kollegiale Hospitationen, Lehrhospitationen oder Peer-Besuche bezeichnet. Bei der kollegialen Lehrhospitation wird die teilnehmende Beobachtung an der tatsächlichen Lehrpraxis zum Beratungsgegenstand (Linde, 2009). Bei einem solchen Feedbackverfahren steht an erster Stelle das Ziel für den/die besuchte Lehrperson, die eigene Lehre durch Selbst- und Fremdwahrnehmung zu reflektieren. Das Einfangen der Perspektiven anderer Lehrender und der kollegiale Austausch über konkrete Lehr-Lernsituationen soll für die besuchte Lehrperson dazu beitragen, neue Ideen zur Weiterentwicklung der eigenen Lehrveranstaltung zu generieren.

In hochschuldidaktischen Einrichtungen gibt es häufig die Möglichkeit, dass sich zwei Lehrende, die an hochschuldidaktischen Weiterbildungen teilnehmen, zu Tandems zusammenfinden und sich gegenseitig in ihren Lehrveranstaltungen besuchen oder auch, dass ein:e Hochschuldidaktikexpert:in einer Lehrperson einen Veranstaltungsbesuch als Hospitation anbietet. Insbesondere zum Einüben kollegialer Lehrhospitation kann es sehr hilfreich sein, mit Unterstützung hochschuldidaktischer Expert:innen auszuprobieren, Feedback zu geben und zu nehmen.

Wir empfehlen, bei kollegialen Hospitationen möglichst zwei Kolleg:innen einzuladen, da das Lehr-Lerngeschehen während der Hospitation vielseitiger beobachtet wird und durchaus unterschiedliche Sichtweisen und Rückmeldungen zu derselben Situation gegeben werden; dies kann die eigene Reflexion stärker anregen. Weitere wertvolle Hinweise können sich durch die Beteiligung von Studierenden ergeben, die eigene Beobachtungen machen und in die Auswertung einbringen.

Die kollegiale Hospitation sollte grundsätzlich mithilfe von Leitfragen durchgeführt werden, um systematisch beobachten und die Perspektiven der beteiligten Kolleg:innen (und Studierenden) im gemeinsamen Gespräch später einbringen zu können. Nach der Veranstaltung wertet das Hospitationsteam (die Personen, die die Veranstaltung besucht haben) mit der Lehrperson in einem Gespräch die Lehr-Lernsituation gemeinsam aus. Bevor das kollegiale Feedback erfolgt, sollte eine Selbsteinschätzung durchgeführt werden, die ebenfalls festgehalten werden sollte. Folgenden Ablauf für die Durchführung einer Lehrhospitation schlagen wir vor:

Vier Phasen der kollegialen Lehrhospitation

1. **Vorbereitungsphase**
   Zusammenstellung des Hospitationsteams, ggf. mit Ansprache von Studierenden, Vorgespräch über die Veranstaltung, die Lehr- und Lernziele, Formulierung von Fragen und Beobachtungsaufträgen an das Hospitationsteam
2. **Besuch der Veranstaltung (ggf. mit Aufzeichnung)**
   Teilnehmende Beobachtung des Lehr-Lerngeschehens „live“

in der Veranstaltung und Dokumentation der Beobachtungen, Notizen zur Beantwortung der Fragen des/der Kolleg:in

3. **Auswertungsphase (unmittelbar nach der Veranstaltung)**
   Zusammenfassung eigener Notizen, sowohl selbstreflektierende Notizen der Lehrperson als auch der Hospitierenden zu der teilnehmenden Beobachtung, ggf. anschließend Ansicht der Aufzeichnung (Video und/oder Audio) und Anfertigung weiterer Notizen
4. **Nachbereitungsphase**
   Feedbackgespräch mit allen Mitgliedern des Hospitationsteams zu den Beobachtungen, Rückmeldungen auf die vereinbarten Fragen, Zusammenführung der unterschiedlichen Beobachtungsperspektiven, ggf. Verabschiedung der Studierenden, erste Schlussfolgerungen für die zukünftige Lehrpraxis

Damit das Feedback wirksam werden kann, ist es wichtig, dass sich die Peers (Kolleg:innen) in den Vor- und Nachbereitungsphasen, wie auch bei der teilnehmenden Beobachtung mit eigenen Kommentaren und Interpretationen zurückhalten und sich auf die Fragen für die besuchten Kolleg:innen konzentrieren (Linde, 2009). Für allgemeine didaktische Fragen zum Ablauf der Hospitation und speziell zur Entwicklung der Fragen an die Lehrveranstaltung steht ein Steckbrief als Handreichung zur Verfügung (siehe Kapitel 7 Steckbrief „Kollegiale Lehrhospitation").

Aus Peer-Feedback können also nicht nur Studierende lernen, sondern auch Lehrende; damit dies wirksam werden kann, sind ähnlich wichtige Bedingungen - wie wertschätzender Umgang, neugierige Haltung etc. - einzuhalten wie bei dem Peer-Feedback unter den Studierenden (siehe Kapitel 4).

5.3 Dokumentation der eigenen Lehrpraxis: Lehrportfolio

Lehr-Lernprozesse verändern sich permanent und müssen immer wieder neu gestaltet werden. Das erfordert die Reflexion des eigenen Handelns, der Interaktionsbeziehungen und der Rahmenbedingungen. Dabei kann Portfolioarbeit die Lehrenden unterstützen. Als Feedback für die eigene Lehrpraxis richten Lehrportfolios den selbstkritischen Blick auf die Stärken und Schwächen der eigenen Lehre einschließlich ihrer fachkulturellen Besonderheiten. Lehrportfolios sind schriftliche Dokumentationen reflektierter Lehrpraxis. Sie bieten Wissenschaftler:innen eine Möglichkeit, ihre Lehrtätigkeit im Sinne einer 'best practice' zu dokumentieren und somit auch selbst zu evaluieren (Auferkorte-Michaelis & Szczyrba, 2004). Sie können das kollegiale Gespräch über die Lehre fördern. Insbesondere bieten sie eine Chance, lehrpraktische Erfahrungen, pädagogische Grundlagen und Überzeugungen mit Kolleg:innen zu diskutieren. Nachfolgend wird darauf eingegangen, wo diese Methode herkommt, wie Lehrportfolios genutzt werden, was darin dokumentiert wird und insbesondere wie mit Kolleg:innen gemeinsam daran gearbeitet werden kann.

In den USA und Kanada werden ‚teaching portfolios' oder ‚teaching dossiers' seit den 1980er Jahren hauptsächlich bei Personalentscheidungen und Beförderungen zugrunde gelegt und z.B. beim ‚merit pay' als individuelle Leistungszulagen für Aufgaben in Forschung, Lehre und Selbstverwaltung genutzt (Seldin et al., 2010). Seit ihrem Export aus dem kanadischen und amerikanischen Hochschulraum verbreiten sie sich auch in der deutschsprachigen Hochschullandschaft. Sie werden eingesetzt als Nachweis pädagogischer Eignung und Lehrkompetenz, als abschließender Bericht einer hochschuldidaktischen Weiterbildung oder auch als Bewerbungsunterlage in Berufungsverfahren. Lehrportfolios haben heute international vergleichbare Inhalte, lediglich die Schwerpunktsetzungen variieren, je nachdem, ob das Lehrportfolio für die eigene Reflexion oder als Bewerbungsunterlage dienen soll.

Das Lehrportfolio ist ein wissenschafts-, berufs- und gleichzeitig autobiographischer Text. Ein Portfolio basiert auf fachlichem Wissen, hochschuldidaktischen Konzepten und beachtet linguistische Konventionen (fach)wissenschaftlichen Sprachgebrauchs (Auferkorte-Michaelis & Szczyrba, 2004). Aus der Verbindung von Dokumentation, Bewertung und Reflexion entsteht ein Feedback für die eigene Lehrpraxis, das die selbstgesteuerte Weiterentwicklung der eigenen (Lehr-)Kompetenz fördert, Lehrkonzepte sichtbar macht und somit Transparenz über Lehr-Lernziele erzeugt. Bräuer sieht das Lehrportfolio als einen „hochschuldidaktischen Begleiter" (2016, 120) für die Profilbildung in der Lehre.

Um die eigene Lehrpraxis zu reflektieren und den kollegialen Austausch darüber mithilfe eines Lehrportfolios zu gestalten, bieten sich schreibdidaktische Übungen an, die einen Perspektivwechsel beinhalten. Lehrende können, analog zum Forschungsprozess, ihre Lehrpraxis kritisch reflektieren und eine Haltung forschender Neugier entwickeln (Auferkorte-Michaelis & Bock, 2012; Futter, 2012). In Anlehnung an die Schreibübungen, die von Gabriela Ruhmann entwickelt wurden, wird die eigene Lehre zur Erzählerin (Kruse et al., 2003). Durch den Perspektivwechsel wird das Selbstfeedback unmittelbar eingefordert, es werden die eigenen Emotionen geweckt und die Beziehung zur eigenen Lehrpraxis thematisiert (siehe Kapitel 7 Steckbrief „Schreibübung Lehrportfolio I ‚Meine Lehre über mich …' "). Der Schreibprozess wird so zu einem Reflexionsprozess. Die Emotionen sind dafür notwendig, denn sie wecken Assoziationen und machen die individuelle Persönlichkeit sichtbar (Kruse, 2007). Es kann Spaß machen, kurze selbstreflexive Texte in einer Runde mit Kolleg:innen zu teilen. Häufig erzählen sie selbstkritisch-humorvolle Geschichten aus der Lehrpraxis und setzen dabei Assoziationen an eigene Erfahrungen frei.

Für die Lehrportfolioarbeit erscheint es hilfreich eine Art Sammlung der eigenen Erzählungen anzulegen, die über eine längere Zeit die Entwicklung der eigenen Lehrpraxis skizziert. Zu einer solchen Sammlung gehören neben reflexiven Lehrberichten weitere Materialien wie Veranstaltungs- und Modulbeschreibungen sowie Auswertungen von Lehrveranstaltungsevaluationen. Das Zusammenfügen dieser Artefakte aus der eigenen Lehrpraxis in einer Art Mappe, woraus sich der Portfoliobegriff ableitet, setzt die eigene Retrospektive direkt in Gang. Vor dem inneren Auge laufen die Lehrerfahrungen dann wie in einem Film ab. Auf der selbstreflexiven Spurensuche nach den eigenen Stärken, Ressourcen und Zukunftsideen für die eigene Lehrpraxis bietet sich ergänzend ein kurzes Interviewgespräch an, entweder mit sich selbst oder auch mit einem anderen „echten" Gegenüber (siehe Kapitel 7 Steckbrief „Schreibübung Lehrportfolio II": Interview zu Erfahrungen aus der Lehrpraxis).

Der nachfolgende Vorschlag für den Aufbau und die Inhalte eines Lehrportfolios greift den Vorschlag des Hochschuldidaktikers Dietrich von Queis auf, der in einem ersten Projekt des damaligen Bundesministeriums für Bildung und Forschung (bmbf) das kanadische Modell für deutsche Hochschulen inhaltlich angepasst hat (von Queis, 1993, 1994 und 2012). Im Zusammenhang mit der zunehmenden Bedeutung der Hochschullehre, ihrer unterschiedlichen Formate und der vielseitigen Nutzung digitaler Medien weisen Lehrportfolios heute ein differenziertes und individuelles Profil auf.

Aufbau und Inhalte eines Lehrportfolios gliedern sich nach unserem Vorschlag in:

1. **Biographische Vorstellung:**
   Kurzbeschreibung des wissenschaftlichen Werdegangs und eine Übersicht der inhaltlichen Schwerpunkte der Lehre und ihrer Zielgruppen
2. **Lehrphilosophie:**
   Grundhaltung, pädagogische Überzeugungen und Selbstverständnis der eigenen Lehrpersönlichkeit
3. **Lehrkonzept(e):**
   Choreographie der Ziele, Inhalte, Methoden und Medien in der Lehrpraxis
4. **Feedback und Evaluation:**
   Bewertungen, Rückmeldungen und Ergebnisse der Veranstaltungsevaluation und weiterer Rückmeldungen von Studierenden und Lehrenden
5. **Engagement für die Lehre:**
   Maßnahmen zur Verbesserung der Qualität der Lehre und des Lernens
6. **Perspektiven für die eigene Lehrpraxis:**
   Ideen, Vision und Wünsche für zukünftige Lehraufgaben

In der Schreibarbeit des Lehrportfolios liegt die schwierigste und zugleich spannendste Aufgabe in der Formulierung der eigenen *Lehrphilosophie*. Sie bildet den Kern und Ausgangspunkt der Selbstreflexion und fordert dazu auf, sich mit dem eigenen Selbstverständnis auseinanderzusetzen. Hierbei können hochschuldidaktische Modelle zu Lehrperspektiven, über Rollen und Funktionen von lehrenden Wissenschaftler:innen sowie schreibdidaktische Übungen den Reflexionsprozess unterstützen. Das eigene Selbstverständnis, die pädagogischen Überzeugungen für gute Lehre und vor allem das, was eigentlich gelernt werden sollte und wie das funktioniert, wird in der Lehrphilosophie auf den Punkt gebracht. Die individuelle Perspektive auf die eigene Lehre verbindet fachwissenschaftliche Standpunkte mit didaktischen Überzeugungen und Absichten, die das eigene Lehrhandeln bestimmen und auch rechtfertigen bzw. begründen. Pratt, der empirisch internationale Profilvergleiche von Lehrenden erforscht, sieht darin eine Art Objektiv einer Kamera, durch die das Lehren und auch das Lernen der Studierenden betrachtet wird (Pratt, 2002, 1). Dabei ist man sich seiner eigenen Perspektive oft nicht bewusst, weil sie eingenommen wird, ohne dabei zu bedenken, dass sie nur eine von vielen möglichen ist. Zudem betont Pratt: „Perspectives are far more than methods. […] It is how methods are used, and toward what ends, that differentiates between perspectives" (Pratt, 2002, 2).

Die Lehrphilosophie im Lehrportfolio als zusammenfassender Textabschnitt des eigenen Selbstverständnisses, beantwortet selbstreflexive Leitfragen wie z.B.:

- Wie verstehe ich die eigene Rolle und Funktion als Lehrperson?
- Was sind übergeordnete Lehr-Lernziele in den eigenen Lehrveranstaltungen?

Im Bewerbungskontext einer Hochschule vor allem bei einer Bewerbung auf eine Professur wird häufig bereits in der Ausschreibung darum gebeten, ein *Lehrkonzept* vorzulegen. Im Lehrportfolio schließt dieser Textabschnitt direkt an die Philosophie an und eröffnet den Schlüssellochblick in den Seminarraum oder den Hörsaal. Folgende Leitfragen sollten beantwortet werden:

- Wie sieht der Lehralltag aus? Wie gestalte ich die einzelnen Sitzungen?
- Welche Methoden verwende ich?
- Welche Absichten verfolge ich mit meiner Methodik? Was lernen die Studierenden durch diese Methodik?

Die Darstellung des eigenen Lehrkonzeptes zeigt Methoden und Ansätze der eigenen Lehrpraxis auf, die im Hinblick auf die angestrebten Lernziele der Studierenden eingesetzt werden. Es beschreibt die Lehr-Lernsettings und das eigene Lehrhandeln.

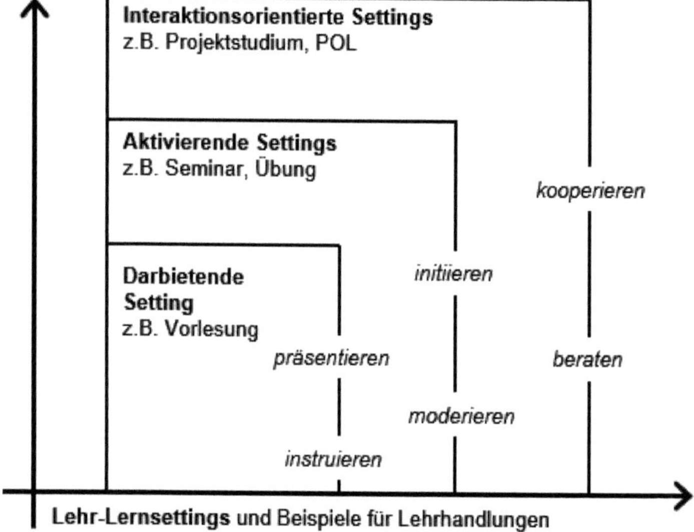

Abb. 2: Lehr-Lernsettings und Lehrhandlungen
Quelle: Eigene Darstellung in Anlehnung an Linde & Auferkorte-Michaelis, 2021, 26

Im Text zum Lehrkonzept kann auf strukturelle und organisatorische Aspekte eingegangen werden, wie beispielsweise die Raumgestaltung oder auch die Gruppengröße. Der Einblick in die Lehrpraxis beinhaltet auch Hinweise darauf, welche Inhalte eher frontal vermittelt und welche in Gruppen erarbeitet werden, worüber diskutiert wird oder auch, ob und wie problem- oder projektorientiert gearbeitet wird (Linde & Auferkorte-Michaelis, 2021, 24). Dieser Teil des Lehrportfolios beinhaltet zudem Auszüge aus Lehr-Lernmaterialien, Prüfungsaufgaben, Praxisprojekten, Gruppenarbeiten und dem systematischen Einsatz von Medien, Lehr-Lernplattformen, digitalen Tools, E-Learning und/oder Tutorienarbeit.

Im Anschluss an das Lehrkonzept erfolgt im Lehrportfolio eine Zusammenfassung bestehender *Evaluationsergebnisse* und *Feedbacks* auf die eigene Lehrpraxis. Bewertungen, Rückmeldungen und Ergebnisse aus der Veranstaltungsevaluation sowie weitere Rückmeldungen von Studierenden und Kolleg:innen enthalten wichtige Hinweise für die Wirkung und Qualität der Lehre aus der Perspektive anderer. Alle in diesem Band zuvor aufgeführten Feedbackaktivitäten, von der standardisierten Lehrveranstaltungsevaluation bis hin zur Gestaltung von Peer-Feedback in Gruppenarbeitsphasen sowie kollegiales Feedback, können in diesem Textabschnitt aufgegriffen werden. Wichtig ist, dass auch hier eine Auswahl und Konkretisierung der Aussagen erfolgt, beispielsweise:

- Welche Ergebnisse waren für mich besonders relevant?
- Wie lautet die Zusammenfassung der Studierenden-Befragungen (mündliche und schriftliche Bewertungen)?
- Welche Beurteilungen, Kommentare und Komplimente von Kolleg:innen gibt es?

Außerdem können auch herausragende Prüfungsergebnisse und Arbeiten von Studierenden, Tests über Lernfortschritte, Auszeichnungen und Anerkennungen, wie beispielsweise auch Projektförderungen und Lehrpreise, als Aussagen über die eigenen Lehrerfolge herangezogen werden.

Unter *Engagement für die Lehre* fallen Maßnahmen, die zur Qualitätsentwicklung der Lehre und des Lernens beitragen und über die Lehrveranstaltung hinausreichen. Hierzu zählen beispielsweise die Teilnahme an hochschuldidaktischen Weiterbildungen sowie die Beteiligung an Studiengangentwicklungsprozessen ebenso wie die Gremienarbeit für die eigene Hochschule. Folgende Leitfragen können hier unterstützen:

- In welchen Studienreformprojekten habe ich mitgearbeitet, welche initiiert?
- An welchen Weiterbildungen und Arbeitsgruppen habe ich teilgenommen?
- Welche Beratungstätigkeit übernehme ich für Kolleg:innen?
- Welche Veröffentlichungen oder auch Handreichungen habe ich publiziert?

In dem abschließenden Textabschnitt der Lehrportfolios zu den *Perspektiven für die eigene Lehrpraxis* entwickeln Lehrende eine möglichst klare Vorstellung davon, wie sie zukünftig Lehraufgaben gestalten möchten und wie sie Verantwortung für das Lehren und Lernen übernehmen. Hierzu gehört es auch Ideen zu entwickeln, wie sie sicherstellen, dass Studierende Wissen und Fähigkeiten erwerben und sie lernen, kritisch zu denken und Probleme zu lösen. Folgende Leitfragen können die Schreibarbeit unterstützen:

- Was nehme ich mir vor? Welche Veränderungen aufgrund von aktuellen Herausforderungen plane ich für meine Lehrpraxis?
- Welche Themen, Methoden und Medien würde ich gerne aufnehmen?
- In welchen Studiengängen oder Studienabschnitten würde ich gerne lehren?
- Wie möchte ich mit Kolleg:innen kooperieren?

An dieser Stelle können auch zukünftige Ideen für den Einsatz neuer Medien o.ä. erwähnt werden, wie z.B. zur effektiven Gestaltung von E-Learning, um eine interaktive Lernerfahrung anbieten zu können oder auch zum Umgang mit digitalen Werkzeugen wie E-Books, Online-Plattformen oder künstlichen Intelligenz (z.B. ChatGPT o.ä.) (Linde & Auferkorte-Michaelis, 2021, 119 f.). In diesem Abschnitt des Portfolios geht es erneut nicht darum, möglichst viel Text zu produzieren, sondern eher, sich auf wenige, aber besonders wichtige Ideen und passende Maßnahmen zu beschränken. Im Falle einer Bewerbung ist dieser Punkt insbesondere in Bezug auf die ausgeschriebenen Aufgaben zu formulieren.

Abschließend werden im Lehrportfolio noch Quellenhinweise und zitierte Literatur sowie ggf. Auszüge aus Materialien der eigenen Lehrpraxis als Anhang beigefügt.

Zusammenfassend lässt sich festhalten, dass ein Lehrportfolio einen umfassenden Eindruck über das Lehrprofil und die Lehrendenpersönlichkeit vermittelt. Mit Lehrportfolios offerieren die Verfasser:innen den Lesenden einen Einblick in ihre Lehrpraxis, begründen pädagogische Überzeugungen, berichten über lehrpraktische Erfahrungen und reflektieren Rückmeldungen von Studierenden und Kolleg:innen. Neben der Dokumentation der eigenen Lehrleistung, die sich häufig und insbesondere bei Bewerbungen nach außen richtet, ermöglichen Lehrportfolios eine nach innen gerichtete Selbstreflexion und können so als Instrument der Selbstevaluation genutzt werden. Letztlich bieten sie eine wertvolle Grundlage, um über gute Lehre zu diskutieren und den Erfahrungsaustausch mit Kolleg:innen zu bereichern.

6 Zum guten Schluss

Lernen im Studium ist ein individueller Prozess, den jede:r Studierende für sich selbst ausgestaltet. Durch den Veranstaltungsablauf, die Lernaktivitäten, die Studieninhalte und die festgelegten Prüfungsformen setzen Lehrende zwar Rahmenbedingungen für diese studentischen Lernprozesse. Die Lernenden selbst verantworten aber ihre eigenen Lernwege und Lerninteraktionen. Sie haben idealerweise ihre eigenen Ziele im Blick und verfügen über die benötigten Studienstrategien und Lernmethoden. Studieren ist gleichzeitig immer auch ein sozialer Prozess, in dem miteinander und voneinander gelernt wird.

Das in diesem Buch vorgestellte Konzept, dialogorientiertes Feedback zwischen Lehrenden und Studierenden wie zwischen Peers für den Lernerfolg und die Reflexion zu nutzen, ist voraussetzungsvoll: Die jeweiligen Gegenüber benötigen die Fähigkeit, Feedback konstruktiv und respektvoll zu geben, d.h. sich auf konkrete und relevante Aspekte für das Lehren und Lernen zu beziehen und es nicht als etwas Negatives zu betrachten. Die positive Einstellung gegenüber Feedback ist ein zentrales Merkmal der eingangs erwähnten Feedback-Literacy. Dabei sollte der/die Feedbackgeber:in das Feedback immer auf bestimmte Verhaltensweisen, Handlungen oder Leistungen beziehen und nicht auf die Person selbst. Der/die Empfänger:in sollte in der Lage sein, das Feedback zu verstehen und umzusetzen, um positive Veränderungen zu initiieren. Insgesamt ist Feedback-Literacy ein wichtiger Bestandteil der persönlichen Entwicklung.

Diese Dialogorientierung ließe sich im Sinne der Kompetenzentwicklung aller Beteiligten weiterdenken. Das würde bedeuten, Studierende zu ermuntern, nicht nur die Lehrperson als alleinige Instanz für Feedback anzusehen, sondern sich selbstständig alternative Quellen für lernbegleitendes Feedback zu suchen. Das könnten beispielsweise weitere Fachexpert:innen, gedruckte bzw. digitale Ressourcen, Online-Foren oder auch

KI-gestützte Angebote sein. Dadurch werden die Studierenden an ihre (Eigen-)Verantwortung für ihren Studienerfolg erinnert, ohne dass sich die Lehrenden dabei aus der Verantwortung ziehen sollten. Empirisch ist belegt, dass

> self-regulation and academic success are closely related (Andrade, 2010, 95).

Für die Studierenden wird durch multiperspektivisches Feedback die Chance auf ihren Lernerfolg erhöht. Als Lehrperson steht man dann allerdings vor der Herausforderung, dass das eigene Feedback nur noch eines unter anderen ist.

Abschließend möchten wir betonen, dass dialogorientiertes Feedback partizipativ die Professionalisierung akademischen Lehrens und Lernens unterstützt. Es legt die Verantwortung in die Hände aller Beteiligten. Indem wir lernen, Feedback dialogorientiert zu geben und zu empfangen, können wir unsere Interaktionen verbessern, Beziehungen stärken und letztendlich erfolgreicher lernen und lehren.

7 Steckbriefe – Methoden und mehr ...

Steckbrief: ABC-Methode

Beschreibung

Zu einem Lehr-Lerninhalt oder -gegenstand (Hausarbeit, Prüfung, Thema der Lehrveranstaltung etc.) werden mit Hilfe des Alphabets erste Informationen, Ideen und Rückmeldungen gemeinsam strukturiert gesammelt. Um Impulse und Erfahrungen zu einem vorgegebenen Thema zu erhalten, notieren die Studierenden, zunächst individuell, zu jedem Buchstaben des Alphabets einen Begriff, den sie damit verbinden. Daran anschließend werden in Gruppen doppelte Begriffe zusammengestrichen bzw. fehlende Begriffe ergänzt und anschließend im Plenum (bspw. mit einer MindMap oder einem Cluster wiederkehrender Begriffe) vorgestellt. Die Lehrperson kann sich somit einen Überblick über die Anliegen, Ideen und Anmerkungen verschaffen, die für die Studierenden von besonderer Bedeutung sind. Ebenso hilft es den Studierenden beispielsweise dabei einen Überblick über mögliche Aspekte des Themas zu erhalten oder auch, um mehr von den Ideen der anderen Studierenden zu erfahren (Thal & Vormdohre, 2009).

Dauer

Circa 30 bis 45 Minuten.

Material

Für die Durchführung der Abfrage in Präsenz benötigen die Studierenden mehrere Blätter Papier.

Durchführung

Auf einem Blatt Papier notieren die Studierenden die Buchstaben des Alphabets in vertikaler Richtung. In einer daneben liegenden Spalte sollen im Verlauf der Methode Anmerkungen oder Stichworte zu dem jeweiligen Buchstaben notiert werden.

Die Buchstaben des Alphabets stehen dabei für eine Anmerkung, Idee oder einen Impuls, der im Zusammenhang mit dem unmittelbaren Thema der Methode steht (z.B. Rückmeldungen zur bevorstehenden Klausur). Die Studierenden notieren einen Begriff oder Anmerkungen dem Anfangsbuchstaben entsprechend in die nebenstehende Spalte. Nach Möglichkeit sollte jedem Buchstaben ein Begriff zugeordnet werden.

Anschließend tragen die Studierenden in Tandems oder in Gruppenarbeit ihre Begriffe zusammen. Zur Darstellung eignet sich eine MindMap oder das Clustern wiederkehrender Begriffe. Das Ergebnis wird anschließend der Lehrperson präsentiert und vorgestellt.

Die Lehrperson hat im Anschluss Gelegenheit, auf die Rückmeldungen der Studierenden einzugehen. Es entsteht somit ein strukturierter Dialog zwischen der Lehrperson und den Studierenden, beispielsweise mit dem Ziel offene Fragen, Wünsche oder Sorgen klären zu können. Dabei ist eine unmittelbare Reaktion der Lehrperson nicht erforderlich, wenn sich Punkte nicht direkt beantworten, klären oder umsetzen lassen. Wie bei allen anderen Feedbackmethoden ist hier der gemeinsame Dialog maßgeblich für den erfolgreichen Einsatz dieser Methode.

Steckbrief: Aha!Wand

Beschreibung

Über die Aha!Wand werden kurze, inhaltliche Rückmeldungen der Studierenden und auch von Ihnen selbst festgehalten. Die Aha!Wand wurde für die Lehre von Nicole Auferkorte-Michaelis und Annette Hintze entwickelt und wird für lernbegleitendes (formatives) Feedback empfohlen.

Dauer

1-3 Minuten für die Beschreibung des Aha-Momentes.

Material

Für die Durchführung der Abfrage in Präsenz werden Moderationskarten oder ein Blatt Papier benötigt. Im Digitalen bietet es sich an, die Aha!Momente auf einer digitalen Pinnwand wie z.B. TaskCards (www.taskcards.de) zu sammeln.

Durchführung

Am Ende einer Lehr-Lerneinheit haben die Lehrperson und die Studierenden die Gelegenheit, Aha!Momente zur Lehr-Lerneinheit schriftlich festzuhalten. In einem Aha-Moment wurde z.B. etwas Neues gelernt, eine Erklärung besonders hilfreich empfunden oder ein Anwendungsbezug des Präsentierten entdeckt.

Notieren Sie Aha!Momente gemeinsam mit den Studierenden regelmäßig, z.B. nach jeder oder jeder zweiten Lehr-Lerneinheit.

Veranstaltungsbegleitend füllt sich auf diese Weise die virtuelle oder reale Feedbackwand, auf der die Lehrperson und die Studierenden die Aha!Momente festhalten. Inhaltlich behalten die Studierenden so wichtige Erkenntnisse über den gesamten Veranstaltungsverlauf im Blick. Die Lehrperson erhält ein kontinuierliches Feedback zu den Punkten, die aus Sicht der Studierenden motivierend und lernförderlich sind. Es lohnt sich ein semesterbegleitender Blick auf die Aha!Wand für beispielsweise ein Zwischenfazit zum Veranstaltungsverlauf.

Steckbrief: Blitzlicht

Beschreibung

Zum Abschluss einer Lehrveranstaltungssitzung oder einer Lehr-Lerneinheit geben Studierende über die Methode Blitzlicht kurz Rückmeldungen auf eine Frage der Lehrperson. Mit dem Blitzlicht erhalten Lehrende und Studierenden ein Stimmungsbild und haben die Gelegenheit, die Veranstaltung kurz zu reflektieren. Die folgende Methodenbeschreibung ist der Methodenbox des Landesinstituts für Schule (2006) entnommen.

Dauer

Circa 10 Minuten bei 20 Personen.

Material

Für die Durchführung wird nicht unbedingt bestimmtes Material benötigt. Es empfiehlt sich aber, die Blitzlicht-Regeln in Präsenz auf einem Flipchart oder Poster bzw. im Digitalen auf einer Folie zu visualisieren.

Durchführung

Die Methode Blitzlicht wird meistens am Ende einer Lehr-Lerneinheit oder auch nach einzelnen Veranstaltungen eingesetzt, um eine kurze und direkte Rückmeldung der Studierenden zu erhalten. Für ein eher generelles Feedback verwendet, lässt sich diese Methode auch einsetzen, um ganz gezielt nachzufragen.

1. Die Lehrperson erklärt die Blitzlicht-Regeln:
   - Es spricht immer nur eine Person zur selben Zeit.
   - Die Antworten der anderen Studierenden werden nicht kommentiert oder bewertet (auch nicht von der Lehrperson).
   - Die Antworten sollen konkret auf die Frage bezogen sein.
   - Die Antworten sollen kurz sein (im Regelfall nicht mehr als ein Satz).
   - Niemand ist gezwungen etwas zu sagen.

2. Die Lehrperson stellt die Blitzlicht-Frage. Fragen können z.B. folgende sein:
   - Wie fanden Sie unsere Zusammenarbeit heute? (sozialer Umgang miteinander)
   - Was nehmen Sie an neuem Wissen und Erfahrungen mit? (Lernzuwachs)
   - Was hat Ihnen besonders gut/ besonders schlecht gefallen? (Identifikation von unterstützenden und störenden Faktoren)
3. Die Studierenden beantworten der Reihe nach bzw. in selbstgewählter Reihenfolge die Blitzlicht-Frage.

Im Anschluss an die Durchführung des Blitzlichts protokolliert die Lehrperson in einer Kurzzusammenfassung, was in der Veranstaltung inhaltlich/methodisch bearbeitet wurde. Wichtige Kommentare der Studierenden aus der Blitzlichtrunde werden zum Abschluss von der Lehrperson reflektiert.

Steckbrief: Feed-In-Befragung

Beschreibung

Die technisch-organisatorischen Voraussetzungen von Studierenden sind heterogen und vor allem sehr individuell. Vor Lehrveranstaltungsbeginn können nur Mutmaßungen über die Rahmenbedingungen getroffen werden, in denen Lehre stattfinden kann. Welche medientechnische Ausstattung ist vorhanden? Wie soll und kann innerhalb der Lehrveranstaltung auf Distanz kommuniziert werden? Wie soll eine produktive, aber auch inklusive Arbeits-, Kommunikations- und Kollaborations-umgebung aussehen? Das Feed-In-Instrument versucht, diese und weitere Fragen zu beantworten. Die Feed-In-Befragung ist beschrieben bei Auferkorte-Michaelis & Haschke (2020).

Dauer

Circa 15 bis 20 Minuten.

Material

Die Feed-In-Befragung wird mittels eines (Online-)Fragebogens durchgeführt. Sollte Ihre Hochschule kein eigenes Angebot einer Feed-In-Befragung zur Verfügung stellen, können Sie eine beispielhafte Befragung unter dem nachfolgenden Link abrufen: https://www.uni-due.de/zhqe/feedin

Durchführung

Die Feed-In-Befragung sollte zwei bis drei Wochen vor Lehrveranstaltungsbeginn durchgeführt werden. Dadurch bleibt ausreichend Zeit, die Lehr-Lerninhalte auf die Bedarfe auszurichten und um einen gemeinsamen Dialog zwischen der Lehrperson und den Studierenden zu eröffnen. Die Befragung wird in der Regel online ausgefüllt.

Dabei empfiehlt sich das folgende Vorgehen:

1. Um einen möglichst hohen Rücklauf zu erzielen, sollte die Befragung rechtzeitig an die Studierenden vor Beginn der ersten Sitzung der Lehrveranstaltung kommuniziert werden.
2. Schildern Sie die Ziele und Absichten, die mit den Ergebnissen der Feed-In-Befragung erreicht werden können. Sie können außerdem betonen, dass es um einen ersten gemeinsamen Dialog geht, um Herausforderungen und Chancen bereits zu Lehrveranstaltungsbeginn aufzudecken.
3. Stellen Sie den Studierenden den Link auf eine für Ihre Lehrveranstaltung geeignete Art und Weise zur Verfügung.
4. Nach Ablauf eines definierten Befragungszeitraums erhalten Sie in der Regel automatisch einen Ergebnisbericht per E-Mail oder die Möglichkeit, diesen herunterzuladen.

Im Anschluss an die Durchführung der Feed-In-Befragung sichtet die Lehrperson die Ergebnisse und stellt diese ihren Studierenden zur Diskussion. Stellt sich dabei die Notwendigkeit heraus, die Lehr-Lernziele bedarfsgerecht anzupassen, besteht noch vor Lehrveranstaltungsbeginn die Möglichkeit dazu.

Steckbrief: Fragebogenbasierte Lehrveranstaltungsevaluation

Beschreibung

Die Lehrveranstaltungsevaluation soll die beteiligten Lehrpersonen und Studierenden in die Lage versetzen, bei Bedarf datenbasiert und eigenständig Maßnahmen für Bereiche abzuleiten, die sie betreffen und die sie selbst beeinflussen können. Die veranstaltungsinterne Diskussion von Ergebnissen der Lehrveranstaltungsevaluation trägt so zur Qualitätsentwicklung von Studium, Lehre und Weiterbildung bei.

Folgende Aspekte stehen (beispielhaft) dabei im Fokus:

Der Fragebogen soll

- Lehrenden möglichst viele Informationen liefern, die zur Weiterentwicklung der eigenen Lehre genutzt werden können,
- in möglichst vielen Lehrveranstaltungsformen einsetzbar sein (z.B. Seminar, Vorlesung oder Übung),
- für möglichst alle Lehrveranstaltungsformate passen (Präsenz-, Online- oder Mischformate),
- Vorteile von Online-Befragungen nutzen (z.B. Filterführung).

Zusätzliche Freitextfragen eröffnen den Studierenden die Möglichkeit, qualitative Rückmeldungen zu allen Fragegruppen zu geben (Stammen & Haschke, 2022).

Dauer

15 bis 20 Minuten.

Material

Die Lehrveranstaltungsevaluation wird mittels eines (Online-) Fragebogens durchgeführt.

Durchführung

Die Lehrveranstaltungsevaluation sollte in (digitaler) Präsenz durchgeführt werden. Die Befragung wird dabei direkt online mit einem mobilen Endgerät innerhalb der Veranstaltungszeit von den Studierenden ausgefüllt.

Hierfür sollte bei der Veranstaltungsplanung ein entsprechendes Zeitfenster reserviert werden. Dabei wird folgendes Vorgehen empfohlen:

1. Um einen möglichst hohen Rücklauf zu erhalten, sollte der Fragebogen nach Möglichkeit innerhalb von gemeinsamen (Online-)Präsenzzeiten ausgefüllt werden. Dafür sollte ein Zeitfenster von ca. 15 Minuten eingeplant werden.
2. Die Lehrperson sollte die Studierenden zur Teilnahme an der Lehrveranstaltungsevaluation motivieren. Beispielsweise kann darüber berichtet werden, wie das Feedback in vergangenen Semestern zur Weiterentwicklung der Lehrveranstaltung genutzt wurde.
3. Der Link zur Befragung bzw. die Fragebögen sollten in einer für die Lehrveranstaltung geeigneten Art und Weise zur Verfügung gestellt werden.
4. Nach der Durchführung der Lehrveranstaltungsevaluation bzw. nach Ablauf eines definierten Befragungszeitraums erhalten die Lehrpersonen in der Regel automatisch einen Ergebnisbericht per E-Mail oder haben ggf. die Möglichkeit, den Ergebnisbericht herunterzuladen.

Im Anschluss an die Befragung sichtet die Lehrperson die Ergebnisse und stellt diese den Studierenden zur Diskussion.

Anregungen und Beispiele zu möglichen Fragebogeninhalten und deren Auswertungsmöglichkeiten können beispielsweise hier eingesehen werden:

https://www.uni-due.de/zhqe/handreichung_lvb.php

Steckbrief: Fünf-Finger-Feedback

Beschreibung

Das Fünf-Finger-Feedback bietet eine anschauliche Methode eines konstruktiven Feedbacks mit dem Ziel, dass Studierende kurz und prägnante Rückmeldungen geben, Kritikpunkte vergleichen und ihre eigenen Aussagen reflektieren. Die Methodenbeschreibung stammt mit leichten Überarbeitungen aus der Methodensammlung der Heinrich-Heine Universität (HHU, 2016a).

Dauer

Circa 10 bis 30 Minuten bei maximal 15 Personen.

Material

Für die Durchführung wird nicht zwingend ein bestimmtes Material benötigt. Es empfiehlt sich aber, das Prinzip des Fünf-Finger-Feedbacks in Präsenz auf einem Flipchart oder Poster bzw. im Digitalen zu visualisieren.

Durchführung

1. Die Lehrperson erklärt zunächst das Feedbackprinzip (ggf. mit Hilfe einer Visualisierung auf einer Folie oder einem Handout):
   - Der kleine Finger steht für: Mir ist zu kurz gekommen ...
   - Der Ringfinger steht für: Das liegt mir am Herzen ...
   - Der Mittelfinger steht für: Gar nicht gefallen hat mir ...
   - Der Zeigefinger steht für: Diesen Hinweis habe ich erhalten ...
   - Der Daumen steht für: Das finde ich gut ...
2. Die Studierenden tragen ihr Feedback entlang der Finger vor. Alternativ kann die Methode in schriftlicher Form durchgeführt werden: Die Studierenden malen eine Hand auf ein Blatt Papier und schreiben ihr Feedback in die ein-

zelnen Finger. Das Feedback kann dann entweder besprochen oder an Pinnwände zur individuellen Durchsicht aufgehängt werden.

Tipp

Achten Sie darauf, wer mit dem Feedback beginnt. Bei Feedbackrunden im Plenum lassen sich die Teilnehmenden von vorangegangenen Antworten beeinflussen. Bei der schriftlichen Variante der Methode kann diese Gruppendynamik umgangen werden.

Steckbrief: Kartenabfrage

Beschreibung

Bei der Kartenabfrage schreiben die Studierenden ihre Äußerungen (z.B. auf die Frage „Was macht eine gute Lehrveranstaltung aus?“) auf Karten, die anschließend an der Pinnwand nach Ähnlichkeit sortiert werden. Über diese Abfrage können verschiedene Informationen zu einem Thema bei gleichzeitiger Beteiligung aller Studierender (bei teilweiser Anonymität) gesammelt werden. Die folgende Methodenbeschreibung stammt mit leichten Überarbeitungen aus dem Handbuch für Lehrerinnen und Lehrer (Barkholz et al., 1997, 331f).

Material

In Präsenz wird eine Stellwand (Pinnwand) benötigt, die mit Moderationspapier bespannt wird, außerdem werden Moderationskarten und Stifte benötigt. Für die virtuelle Zusammenarbeit kann z.B. das Tool „Kartenabfrage“ auf oncoo.de genutzt werden. Die Vorgehensweise bleibt identisch, statt Moderationswand, Karten und Stiften werden die oncoo-Umgebung, digitale Karten und Tablets, Handys oder der PC genutzt.

Dauer

Circa 45 Minuten inklusive der Auswertung.

Durchführung

1. Die Lehrperson beschriftet ein leeres Plakat (Pinnwand) mit der Frage als Überschrift.
2. Die Karten und Stifte werden verteilt und die Studierenden gebeten, pro Karte nur eine Antwort im ganzen Satz oder Halbsatz zu notieren.
3. Die Anzahl der Karten wird normalerweise nicht begrenzt, da sich die Menge von selbst reguliert. In Ausnahmefällen (Zeit!, große Teilnehmer:innenzahl!) wird die Gruppe gebeten, zwar alle Karten zu beschreiben, aber beispielsweise nur

die drei wichtigsten Ergebnisse zu veröffentlichen oder zu Dritt drei Karten zu schreiben. Wir arbeiten innerhalb einer Veranstaltung normalerweise mit max. 60 Karten.

4. Die Lehrperson sammelt die Karten ein und sortiert sie gemeinsam mit der Gruppe auf den vorbereiteten Plakaten. Dabei entstehen die Sortierkriterien („Klumpen") im Verlauf des Prozesses. Die Karten werden vorgelesen und die Gruppe entscheidet, in welchen Antwortklumpen die Karte gehört. Kriterien für die Zuordnung können inhaltliche Erwartungen, methodische Erwartungen, persönliche Wünsche, Vorwissen usw. sein.
5. Die Antwortklumpen werden mit Überschriften versehen und durchnummeriert.
6. Bei unterschiedlichen Meinungen über die Zuordnung einer Karte wird diese verdoppelt und in beide Antwortklumpen gehängt.
7. Wenn alle Karten zugeordnet sind, werden aus den Klumpen Fragestellungen für den Themenspeicher formuliert. Die Lehrperson gleicht ihre Erwartungen mit denen der Studierenden ab und macht deutlich, welche Punkte sie einbinden kann und welche nicht in ihrer Lehrveranstaltung erfüllt werden können.

Achtung! Keine Karten wegwerfen oder löschen, auch nicht auf Aufforderung der Gruppe. Hinter jeder Karte verbirgt sich eine Absicht.

Steckbrief: Kollegiale Fallberatung nach Fallner und Gräßlin

Beschreibung

Die Kollegiale Fallberatung ermöglicht es Kolleg:innen, miteinander die Lehrpraxis zu reflektieren. Die Durchführung erfolgt in Phasen, die nachfolgende Beschreibung der Durchführung kann die Gruppe der Kolleg:innen unterstützen. Es ist hilfreich, vor Beginn in der Gruppe eine Zeitwächter:in, eine Moderator:in und eine Protokollant:in zu benennen. Die Durchführung folgt der Systematik von Fallner und Gräßlin (2001).

Dauer

Circa 45–60 Minuten.

Material

Für die Durchführung in Präsenz werden Moderationskarten, eine Moderationswand, Klebepunkte, Flipcharts und Stifte benötigt.

Durchführung

Phase 0: Fälle sammeln und auswählen
Die Teilnehmer:innen wählen aus ihrem Lehralltag einen Fall aus, zu dem sie gerne kollegiale Beratung einholen möchten.

Sie notieren eine kurze Beschreibung des Falls auf einer Moderationskarte und heften sie an eine Moderationswand. Dann stellen sie ihren Fall dem Plenum kurz vor. Jede:r Teilnehmer:in hat nun die Möglichkeit, drei Punkte zu verteilen und den bzw. die Fälle auszuwählen, die sie am meisten interessieren.

Die Fälle mit den höchsten Punkten werden im Anschluss beraten.

Phase 1: Genaue Schilderung der Situation
Der/die Falleinbringer:in schildert möglichst genau die zu beratende Situation … *„Folgende Situation möchte ich bearbeiten“*,

... und formuliert dann konkret und genau das Anliegen an die Beratung: *„Ich bin vor allem interessiert an ...“* (z.B.: Feedback, Einschätzungen, Handlungsalternativen ...).

Die Reflexionspartner:innen hören zu und stellen Verständnisfragen.

Phase 2: Schilderung ähnlicher Situationen
Die Reflexionspartner:innen schildern ähnliche Situationen aus der eigenen Lehre bzw. Arbeitssituation.

Der/die Falleinbringer:in hört zu.

Phase 3: Problemanalyse
Reflexionspartner:in: Worin besteht das Problem?
Wie kann das Problem erklärt werden? Wie ist das Problem zu verstehen?

Falleinbringer:in hört zu und antwortet ggf. um die Frage/das Problem zu spezifizieren.

Phase 4: Lösungsvorschläge sammeln
Die Reflexionspartner:innen sammeln Problemlösungsvorschläge (auf die konkrete Situation bezogen). Ein:e Reflexionspartner:in notiert die Vorschläge am Flipchart. In dieser Phase wird nicht diskutiert oder die Vorschläge bewertet.

Phase 5: Abschluss
Falleinbringer:in: „Habe ich Antworten auf meine Frage bekommen?“ evtl. „Was kann ich mir vorstellen auszuprobieren?“

Gegebenenfalls. Reflexionspartner:in: „Was hat mir die Fallbearbeitung selber gebracht?“

Steckbrief: Konstruktives Feedback, Formulierungsbeispiele

Beschreibung

Wie Feedback wirkt, hängt nicht nur von der Art der Rückmeldung ab, sondern auch davon, wie es kommuniziert wird. Wird Feedback zu kritisch und persönlich formuliert, kann es die Selbstwirksamkeit und Kompetenzwahrnehmung der Empfänger:innen angreifen, weshalb dies vermieden werden sollte. Es ist jedoch noch nicht abschließend geklärt, wie sich positive bzw. negative Rückmeldungen auf das weitere Handeln der Empfänger:innen auswirken, da Feedback immer subjektiv und emotional verarbeitet wird. In jedem Fall sollte Feedback sach- und kriterienbezogen, verständlich und nachvollziehbar, wohlwollend und persönlich formuliert werden, ohne persönlich angreifend zu sein (Willert, 2018, 5 f.).

In der nachfolgenden Tabelle finden Sie in der linken Spalte Beispiele für weniger gelungenes Feedback und in der rechten Spalte Vorschläge für bessere Formulierungen.

Weniger gelungenes Feedback	**Alternativer Vorschlag**
Aufgabenebene:	
Das war nichts.	Von ... Aufgaben konnten Sie ... richtig lösen. Schauen Sie sich die Kapitel ... zu den Themen ... noch einmal genauer an.
Das war schon ganz gut.	Die wichtigen Punkte haben Sie richtig erfasst. Nun könnten Sie ... vertiefen.
Die Arbeit ist wenig/schlecht fundiert.	Sie müssen mehr Informationen zu ... recherchieren. Schauen Sie sich die Zitationsregeln noch einmal genau an und überarbeiten Ihren Text.

Weniger gelungenes Feedback	Alternativer Vorschlag
Lernprozess:	
Sie haben zu spät angefangen zu lernen/ Ihre Arbeit vorzubereiten.	Erarbeiten Sie sich von nun an einen konkreten Plan zum Lesen der Lektüre.
Selbstregulation:	
Sie tun zu wenig.	Wie schätzen Sie Ihre Leistung/Anstrengung selbst ein?
Sie sind uninteressiert.	Meine weiteren Ziele für dieses Semester sind ... Was wollten Sie in diesem Kurs noch lernen? (bei Zwischenfeedback)
Sie zählen zu den guten/ schlechten Studierenden.	Sie erfassen die Inhalte grundlegend richtig und beteiligen sich aktiv an Diskussionen. Sie sollten jedoch ... noch einmal vertiefen. Ihnen unterlaufen oft Flüchtigkeitsfehler. Sie sollten die Fakten konzentrierter recherchieren.

Tabelle 4: Formulierungsbeispiele für Feedback
Quelle: in Anlehnung an Willert, 2018, Tab.1

Steckbrief: Kopfstandmethode

Beschreibung

Die meisten Menschen können leichter Aspekte benennen, die sie an einem Sachverhalt stören, als jene, die ihnen gefallen. Diese Eigenschaft kann in Lehrveranstaltungen genutzt werden, indem eine „negative" Frage wie z.B. „Was sollte auf keinen Fall in der Veranstaltung passieren?" gestellt wird. Die Methodenbeschreibung stammt mit leichten Überarbeitungen aus der Methodensammlung der Heinrich-Heine Universität (HHU, 2016b).

Dauer

Circa 40 Minuten inkl. Auswertung.

Material

Für die Durchführung der Kopfstandmethode in Präsenz benötigen Sie Flipchartpapier und Moderationsstifte. Für die digitale Variante können Sie Ideen und Ergebnisse auf einem digitalen Whiteboardtool z.B. Whiteboard Fox (www.whiteboardfox.com) oder TaskCards (www.taskcards.de) notieren.

Durchführung

Zunächst werden in Kleingruppen Antworten auf diese Frage gesammelt. Im zweiten Schritt werden die Studierenden gebeten, die negativen Antworten unter der neuen Fragestellung „Wie sollten wir in dieser Veranstaltung zusammenarbeiten?" ins Positive umzuformulieren. Die Kleingruppen präsentieren im Anschluss ihre Ergebnisse.

Zum Abschluss gleicht die Lehrperson die Ergebnisse mit ihren Erwartungen ab und macht transparent, welche Anforderungen, Erwartungen und Vereinbarungen sie gemeinsam mit den Studierenden für die Zusammenarbeit getroffen hat. Die Abfrage kann während des Semesters erneut herangezogen werden, um die Erreichung der Lehr- und Lernziele usw. anhand der notierten Erwartungen zu diskutieren.

Steckbrief: Lehrhospitation, Handreichung

Beschreibung

Die Handreichung zur Lehrhospitation wurde im Rahmen des Hochschuldidaktischen Programms zur Entwicklung akademischer Lehrkompetenz von Nicole Auferkorte-Michaelis entwickelt und Kolleg:innen zur Verfügung gestellt.

Dauer

Vor- und Nachbereitung jeweils 30 Minuten plus Hospitationszeit in der Veranstaltung.

Material

Die folgenden Informationen bzw. Fragen werden den Teilnehmer:innen als Handout oder in digitaler Form zur Verfügung gestellt. Des Weiteren werden Schreibmaterialien für das Anfertigen von Notizen benötigt.

1. **Vorbereitung der Lehrenden im Hospitationsteam**
   - Um welche Veranstaltungsform handelt es sich? (Zum Beispiel Vorlesung, Übung, Seminar, Kompaktveranstaltung)
   - Wie geeignet erscheint diese Form, um die angestrebten Lehr-Lernziele zu erreichen?
   - Besprechung der Veranstaltungsplanung im Hospitationsteam:
     - Titel der Veranstaltung, Themen
     - Zu den Lehr-Lernzielen: Was sollen die Studierenden nach dem Besuch der Lehrveranstaltung wissen und können, sowohl bezogen auf den Semesterverlauf als auch speziell auf die zu hospitierende Sitzung?
     - Welche Aspekte sind der Lehrperson besonders wichtig?
     - Handelt es sich um eine Pflicht- oder eine Wahlveranstaltung?

  - Wie viele Studierende nehmen an dieser Veranstaltung teil?
  - Für welche Studiengänge ist diese Lehrveranstaltung geöffnet und in welcher Studienphase befinden sich die Studierenden, wenn sie diese Veranstaltung besuchen?
  - Welche Kenntnisse werden bei den Studierenden vorausgesetzt?
  - Wurden die Studierenden über den Besuch des Hospitationsteams informiert?
- Die Informationen aus diesem Vorbereitungsgespräch werden notiert und bei der Auswertung der Hospitation berücksichtigt.

2. **Die Beobachtung des Lehr-Lerngeschehens durch das Hospitationsteam**
   Mögliche Fragestellungen:
   - Wie wird der Lehr-Lernstoff erarbeitet?
     - Worüber wird informiert?
     - Wie werden kognitive Rahmungen erzeugt und an Vorwissen angeknüpft?
     - Wie werden Praxisbezüge hergestellt?
     - Welche Beispiele werden zur Veranschaulichung angeführt?
     - Wann findet Gruppenarbeit statt?
     - Welche Hilfsmittel (Medien) werden eingesetzt?
     - Welche Materialien stehen den Studierenden zur Verfügung? (Zum Beispiel Reader, Lehrbücher, Filmmaterial, Pläne, Karten)
   - Wie lässt sich das methodische/didaktische Vorgehen beschreiben?
   - Wie beginnt die Lehrperson die Veranstaltung? (Zum Beispiel Begrüßung, thematischer Input, Zusammenfassung der letzten Sitzung, Überblick über diese und evtl. kommende Sitzungen/den Semesterverlauf)
   - Welche Aktionen und Reaktionen finden zwischen den Studierenden und der Lehrperson statt?
     - Wie reagieren Studierende auf Fragen der Lehrperson?
     - Wie reagiert die Lehrperson auf Fragen von Studierenden?

  - Gibt es Unterbrechungen/Störungen im Verlauf der Sitzung?
  - Wann wird was durch wen unterbrochen?
- Wie werden Studierende zur Mitarbeit aktiviert?
- Wie werden Rückmeldungen auf z.B. Beiträge von Studierenden gegeben?
- Wie wird gefragt? (Zum Beispiel offene Fragen, ja/nein-Fragen, rhetorische Fragen)
- Wie lässt sich die Arbeitsatmosphäre in der Gruppe beschreiben?
  - Wie agieren die Studierenden untereinander?
  - Wie nehmen Sie Bezug auf bereits Gesagtes?
  - Wann wirken sie motiviert, wann eher geistig abwesend o.ä.?
- Wie werden Ergebnisse gesichert?
  - Wie erfolgt eine Lernkontrolle?
  - Wie werden Diskussionsergebnisse festgehalten?

Die Lehrpersonen legen für die Hospitation drei Schwerpunkte fest, die besonders beachtet werden sollen. Diese werden notiert und anschließend auch im Hospitationsteam gemeinsam reflektiert.

3. **Organisatorische Rahmenbedingungen**
- Wie viele Studierende sind anwesend?
- Wie sind die räumlichen Bedingungen zur Durchführung dieser Veranstaltung? (Zum Beispiel Bestuhlung, Tische, Fenster, Frischluft, Verdunkelungsmöglichkeit)
- Wie sieht das Setting aus? (Zum Beispiel Anordnung der Tische, Gestaltung des Raumes, Sitzordnung, Positionierung von Lehrperson, Studierenden und Hospitierenden)

Die Lehrpersonen notieren sich während der Hospitation hierzu ihre Eindrücke und markieren, inwieweit sie meinen, dass diese Bedingungen das Lehr-Lerngeschehen beeinflusst haben.

Steckbrief: Lernportfolio

Beschreibung

Portfolios sind Sammelmappen, in denen verschiedene Artefakte (z.B. Bilder, Texte) durch den/die Lernenden gesammelt werden. Mit Portfolios kann der Lernprozess und -fortschritt sichtbar gemacht werden und damit Grundlage für Reflexionsprozesse sein. Auf diesem Weg wird das selbstgesteuerte Lernen unterstützt. Durch die systematische Aufarbeitung und Dokumentation der Lerninhalte entsteht ein übersichtlicher Wissensspeicher, den die Lernenden leicht erweitern und im Sinne des lebenslangen Lernens auch über einen Kurs hinaus fortführen können. „[Lernportfolios] begleiten also den Lernprozess, können aber auch als Beurteilung eingesetzt werden" (Brehmer & Becker, 2017, 1f.). Die folgende Methodenbeschreibung stammt mit leichten Überarbeitungen aus dem Methodenkoffer Selbstgesteuertes Lernen (Methodenkoffer SGL, o.J.).

Dauer

Das Lernportfolio wird in der Regel für die Dauer eines Semesters geführt.

Material

Für die Durchführung in analoger Form werden Schreibmaterialien benötigt. Es können, je nach persönlicher Präferenz, aber auch digitale Werkzeuge zur Erstellung eines E-Portfolios genutzt werden.

Durchführung

Für den Einsatz von Portfolios sind folgende Schritte notwendig (Lißner, 2017):

1. Festlegung der inhaltlichen Zielstellung: Die inhaltliche Zielstellung der Portfolio-Arbeit wird festgelegt. Diese orientiert sich an den Lernzielen. Hierbei gilt es, Studienordnung und Kompetenzziele der Lehrveranstaltung zu berücksichtigen.

2. Erstellung und Sammlung von Artefakten: Artefakte sind von den Lernenden erstellte Texte, Bilder, Audio- oder Videodateien. Die Lernenden wählen selbst ihre gelungensten Lernprodukte aus, die sie in ihr Portfolio einfügen möchten.
3. Reflexion: Die Artefakte werden um Metadaten ergänzt. Die Lernenden reflektieren, warum sie die jeweiligen Artefakte ausgewählt haben, und was diese über ihren Lernprozess aussagen.
4. Freigabe der Sammelmappen und/oder Portfolio-Aufgaben: Die Sammelmappe wird für die anderen Lernenden und die Kursleitung freigegeben und kann je nach Einstellung und Bedarf nun von anderen Lernenden oder der Kursleitung kommentiert werden (hierbei sind Feedback-Regeln zu beachten).

Es können unterschiedliche Formen von (E-)Porfolios genutzt werden, die sich in ihrem Aufbau unterscheiden:

- Lernwegportfolio (z.B. Darstellung von Lernprozessen) → unterstützt alle Phasen des Lernprozesses
- Veröffentlichungs-/Präsentationsportfolio (ergebnisorientiert) → unterstützt Kontrolle
- Kompetenz-/Bewerbungsportfolio (bspw. nach Fähigkeitsbereichen)

Steckbrief: One-Minute-Paper

Beschreibung

Ein One-Minute-Paper ist eine Methode, die für formatives Feedback eingesetzt wird. Lernende werden gebeten, innerhalb von einer Minute schriftlich Feedback zu einem bestimmten Aspekt der Lehr-Lernsituation zu geben. Mit Hilfe des One-Minute-Papers nach Lehner (2009) werden Lernergebnisse und offene Fragen der Studierenden erhoben. Dabei setzen sich die Lernenden aktiv mit den Inhalten der Veranstaltung auseinander. One-Minute-Paper bieten den Lernenden schnell und einfach die Möglichkeit, ihre Gedanken und Fragen zu äußern und sich aktiv einzubringen.

Dauer

Circa 1 Minute für die Beantwortung einer Frage. Anschließend wird zusätzlich etwas Zeit für die Auswertung und das Gespräch über die Ergebnisse benötigt.

Material

Für die Durchführung der Abfrage benötigen die Studierenden in Präsenz ein Blatt Papier. Im Digitalen könnte die Chatfunktion des Videokonferenztools (Achtung: Anonymität wird nicht gewahrt) oder Notizen auf einer digitalen Pinnwand wie z.B. TaskCards (www.taskcards.de) genutzt werden.

Durchführung

Die Frage, die in einer Minute schriftlich beantwortet werden soll, kann variieren und sich auf unterschiedliche Bereiche beziehen. Es können Verständnislücken, persönliche Einschätzungen oder Zusammenfassungen von Lerninhalten bzw. „lessons learned" oder persönliche Meinungen und Empfindungen erfragt werden. Am Ende einer Lehr-Lerneinheit beantworten die Studierenden so beispielsweise schriftlich offene Fragen, z.B.: „Welche Inhalte sind unklar geblieben?" oder konkrete Fragen, z.B.:

„Welche Standpunkte zur globalen Erwärmung lassen sich als konträr bezeichnen?"

Die Lehrperson sammelt die Rückmeldungen und wertet die Ergebnisse bis zum Beginn der nächsten Veranstaltung aus, in der die Ergebnisse mit den Studierenden besprochen werden. Um die Studierenden noch stärker in den Prozess einzubeziehen, können auch zwei Studierende gebeten werden, die Ergebnisse auszuwerten und zu Beginn der nächsten Sitzung vorzustellen. Hierdurch werden die Kompetenzen der Studierenden gefördert und die Lehrperson verdeutlicht, dass ihr das studentische Feedback wichtig ist. Das Feedback kann dazu dienen, den Lernprozess der Studierenden besser zu verstehen und gegebenenfalls die Lehre anzupassen.

Steckbrief: Rating-Konferenz

Beschreibung

Die Rating-Konferenz kombiniert die Kurzbefragung mittels Fragebogen („Rating“) mit einer direkt anschließenden Gruppendiskussion („Konferenz“), bei der die Studierenden die Befragungsergebnisse im Dialog mit der/dem Lehrenden interpretieren und gemeinsam Handlungsempfehlungen zur Verbesserung der Lehre ableiten.

Die Rating-Konferenz ist geeignet für die Zwischen- bzw. Abschlussevaluation von semesterbegleitenden Lehrveranstaltungen und (Mehr-)Tagesworkshops mit einer Gruppengröße von bis zu 40 Studierenden. Bei Großveranstaltungen kann eine Rating-Konferenz auch mit einer kleineren Stichprobe von Lehrveranstaltungsteilnehmer:innen durchgeführt werden. (Keller et al., 2012; Landwehr, 2005)

Dauer

- Vorbereitung (Materialien vorbereiten, Fragen formulieren): ca. 45 Minuten
- Durchführung („Rating“): ca. 20 Minuten
- Auswertung (Diskussion mit den Studierenden): ca. 20 bis 30 Minuten

Material

Für die Durchführung werden eine Metaplanwand und/oder Flipcharts, Stifte, Moderationskarten und ggf. Klebepunkte benötigt.

Durchführung

1. Vorbereitung: Die Lehrperson bereitet einen papierbasierten Kurzfragebogen mit bis zu zehn Fragen sowie skalierten Antwortvorgaben und bis zu zwei offenen Fragen vor. Der Fragebogen wird auf ein großes Blatt Papier übertragen und an eine Moderationswand gehängt.

2. Kurzbefragung: In Abwesenheit der Lehrperson füllen die Studierenden den Fragebogen aus. Die Studierenden erhalten ca. 20 Minuten Zeit, um die Kurzfragebögen auszufüllen.
3. Interpretation und Diskussion: Die Lehrperson moderiert im direkten Anschluss eine Diskussion auf Basis der Ergebnisse. Der Fragebogen dient hier gleichsam auch als Leitfaden für die Diskussion. Die Diskussionsergebnisse werden stichwortartig auf einem gesonderten Flipchart, Metaplan etc. durch die Lehrperson oder eine:n Studierende:n dokumentiert.

Nach Abschluss der Rating-Konferenz werden die Ergebnisse in einem Bericht zusammengefasst, der die numerischen Daten nicht als statistisch abgesicherte Befunde, sondern als Hinweise auf Trends oder Unterschiede in der Wahrnehmung der Studierenden verwendet. Die Diskussionsergebnisse werden vor allem mit Blick auf mögliche Verbesserungspotentiale der Lehrveranstaltung schriftlich aufbereitet.

Steckbrief: Rostopschin

Beschreibung

Rostopschin ist eine Methode zur Stärkung der Zusammenarbeit und Kommunikation, bei der gleichzeitig die Wirkung von Feedback auf Gruppenmitglieder reflektiert wird. Die Studierenden bekommen die Aufgabe, in Gruppen von 8 bis 10 Mitgliedern ein Spiel mit dem Namen Rostopschin zu entwickeln.

Mit dieser Methode werden folgende Ziele verfolgt:

- Analyse der Leistungsfähigkeit einer Gruppe bei der Lösung einer Aufgabe innerhalb einer kurzen Zeitspanne.
- Beobachtung der Wirkung von Feedback auf die Leistung.

Die nachfolgende Beschreibung stammt mit leichten Überarbeitungen aus dem Buch „Mehr Erfolg im Team" (Francis & Young, 2007).

Dauer

Circa 95 Minuten.

Material

Zur Durchführung in Präsenz wird folgendes benötigt:

- eine Kopie der Auswertungsfragen
- einen Bleistift für jede:n Teilnehmende:n
- 10 gleichwertige Münzen
- ein Paket Spielkarten
- eine große Tüte Bonbons
- ein Flipchart und Moderationsmarker oder Tafel und Kreide

Durchführung

Vor Beginn der Übung werden zwei Teilnehmende gesucht, die die Rolle der Gutachter:innen übernehmen. Sie haben die Aufgabe, die Gruppe während der Arbeitsphasen zu beobachten und ihre Beobachtungen in den abschließenden Erfahrungsaustausch einfließen zu lassen.

Phase 1 (40 Minuten):
Die Moderation informiert die Gruppe, dass sie 40 Minuten Zeit hat, um ein neues Spiel namens „Rostopschin" zu erfinden. Dabei darf sie nur die vorhandenen Materialien verwenden. Sie muss Spielregeln notieren und sich darauf vorbereiten, das Spiel den zwei Gutachter:innen zu erklären.

Phase 2 (15 Minuten):
Die Gutachter:innen bekommen das Spiel vorgestellt und probieren es aus. Sie besprechen im Anschluss gemeinsam mit der Gruppe Stärken und Schwächen des neuen Spiels.

Phase 3 (15 Minuten):
Die Moderation beauftragt die Gruppe, das „Rostopschin", unter Berücksichtigung des Gutachter:innen-Feedbacks zu verbessern.

Phase 4 (10 Minuten):
Die Gutachter:innen kehren zurück und spielen nochmals 10 Minuten.

Phase 5 (15 Minuten):
Die Moderation verteilt die Auswertungsfragen und leitet zum gemeinsamen Erfahrungsaustausch ein:

1. Auf welche Weise hat die Gruppe ihre Erfolgsmotivation gezeigt?
2. Welche Verhaltensweisen wirkten sich positiv oder negativ auf die Leistung aus?
3. Welche Rollen wurden im Arbeitsprozess übernommen?
4. Wie haben die einzelnen Gruppenmitglieder den Entwicklungsprozess erlebt?
5. Was könnte die Leistung der Gruppe verbessern?

Steckbrief: Rubrics (Bewertungsrubriken)

Beschreibung

Rubrics sind Bewertungskriterien, die verwendet werden, um die Qualität von schriftlichen Arbeiten, mündlichen Präsentationen, Projekten oder anderen Leistungen zu beurteilen. Sie werden in einer Art Checkliste zu einem Bewertungsraster zusammengeführt, das für alle gleichermaßen angewendet wird. Sie können dazu beitragen, die Erwartungen an eine Aufgabe oder Leistung klar zu definieren und den Lernenden als Orientierung zu dienen (in Anlehnung an UC Berkeley, o.J.).

Dauer

Individuell.

Material

Handout in Papier- oder digitaler Form.

Durchführung

1. **Learning Outcome**
   Das Learning Outcome wird – für die Zielgruppe gut verständlich – sichtbar gemacht.
2. **Beschreibung der Kompetenzbestandteile**
   Die einzelnen – durchaus auch noch impliziten – Bestandteile des Learning Outcomes werden konkretisiert in einzelne Leistungen übersetzt, die Studierende erbringen sollen, z.B. Beherrschung des Fachvokabulars, Anwendung der Methode XY auf einen bestimmten Sachverhalt, die Moderation einer Gruppe oder auch die Erbringung eigenständiger Beiträge in einer Gruppendiskussion. Die Herausforderung für die Lehrperson ist es, hier möglichst alle für die Erbringung einer Leistung benötigten Kompetenzen aufzuführen. Wenn z.B. die kritische Würdigung der eigenen Leistung eine Rolle spielt, darf dies nicht als selbstverständlicher wissenschaftlicher Standard implizit mitgeführt werden, sondern sollte als eigenes Kriterium genannt werden.

3. **Kriteriengewichtung**
   Die einzelnen Kriterien werden nach ihrer Bedeutung für die zu erreichenden Learning Outcomes gewichtet.
4. **Festlegung der Qualitätsstufen**
   Die Lehrperson entscheidet, wie viele Qualitätsstufen sie unterscheiden will und beschreibt diese. Wenn mit vier Stufen gearbeitet wird, könnten diese aufgeteilt werden in unzureichend, ausbaufähig, gut und hervorragend oder alternativ auch in Noviz:in, Anfänger:in, Fortgeschrittene:r, Expert:in.
5. **Beschreibung der Qualitätsstufen**
   Die einzelnen Qualitätsstufen werden für jedes aufgeführte Kriterium beschrieben. Es ist darauf zu achten, dass die Abstufungen möglichst trennscharf sind und das Erreichen einer höheren Stufe nur möglich ist, wenn auch alle erforderlichen Bestandteile der niedrigeren Stufe erreicht wurden.

Der US-Amerikanische Hochschulverband (AAC&U, o.J.) hat Rubrics als offene Bildungsressourcen (OER) formuliert, die es Lehrkräften ermöglichen, die Leistungen von Studierenden zuverlässig und nachvollziehbar für sechzehn breit gefächerte, überfachliche Learning Outcomes zu bewerten:

- Civic Engagement - Local and Global
- Creative Thinking
- Critical Thinking
- Ethical Reasoning
- Foundations and Skills for Lifelong Learning
- Global Learning
- Information Literacy
- Inquiry and Analysis
- Integrative and Applied Learning
- Intercultural Knowledge and Competence
- Oral Communication
- Problem Solving
- Quantitative Literacy
- Reading Teamwork
- Written Communication

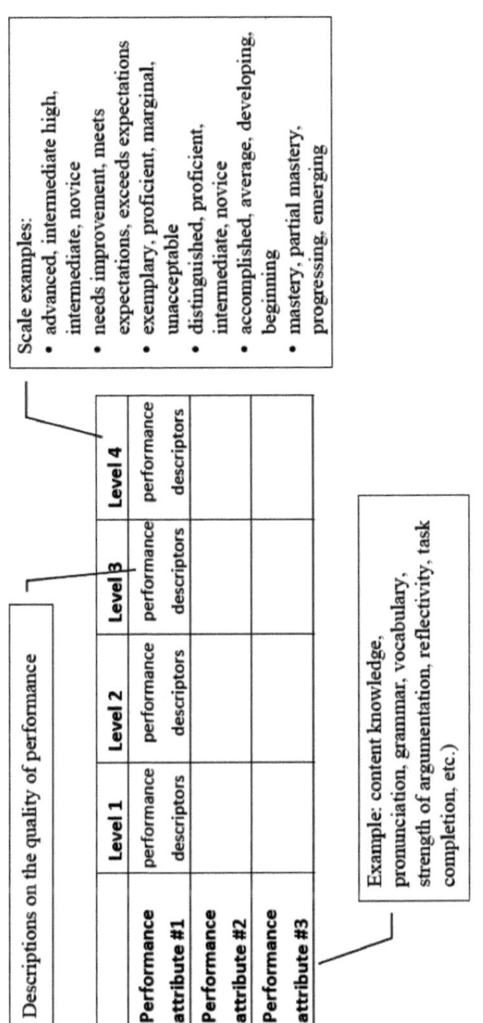

Abb. 3: Beispiel für die tabellarische Beschreibung von Qualitätsstufen, Quelle: UC Berkeley, o.J.

Steckbrief: Schreibübung Lehrportfolio I – „Meine Lehre über mich ...“

Beschreibung

Für den Einstieg in die Arbeit am eigenen Lehrportfolio erscheint es hilfreich, die Reflexion für die eigene Lehrpraxis anzuregen. Der Einstieg in das Selbstfeedback wird mit der schreibdidaktischen Übung „Meine Lehre über mich ... “ durch einen Perspektivwechsel angeregt. In Anlehnung an die Schreibübungen, die von Gabriela Ruhmann entwickelt wurden, wird die eigene Lehre zur Erzählerin (Kruse et al., 2003). Durch den Perspektivwechsel wird in dieser Übung das Selbstfeedback unmittelbar eingefordert, es werden die eigenen Emotionen geweckt, die Beziehung zur eigenen Lehrpraxis thematisiert.

Dauer

Schreibphase 10 Minuten, ggf. plus „Vorlesezeit“ und Diskussion.

Material

Zur Durchführung in Präsenz werden Schreibmaterialien und die Arbeitsanweisung mit Satzanfängen benötigt.

Durchführung

Die Übung wird zunächst individuell durchgeführt. Je nach Kontext kann der Text mit Kolleg:innen geteilt werden, d.h. zum Beispiel in einer Gruppe oder jeweils in einer Partner:innengruppe vorgelesen werden. Die Übung kann aber auch für sich selbst hilfreich sein, um die eigenen Gedanken für die Selbstreflexion zu nutzen.

Arbeitsanweisung

Schreibübung: „Meine Lehre spricht über mich“

Stellen Sie sich einen Wecker auf 10 Minuten und schreiben Sie ohne Berücksichtigung von Tippfehlern oder Orthographie die Gedanken auf:

Versetzen Sie sich in die Lage Ihrer Lehre:
Was glauben Sie, wird es über Sie berichten? Lassen Sie Ihre Lehre berichten ...

Motto:
„Ich bin die Lehre von ...
und mache mir so meine Gedanken ...
Ich möchte auf keinen Fall von einer anderen Person gehalten werden, weil ...
Aber leicht habe ich es auch nicht immer, denn ...“

Steckbrief: Schreibübung Lehrportfolio II – Interview zu Erfahrungen aus der Lehrpraxis

Beschreibung

In einem Partner:innen-Interview tauschen sich zwei Personen gegenseitig über ihre lehrpraktischen Erfahrungen und Grundeinstellungen aus. In der nachfolgenden Darstellung wird das Interview als Methode aus der Schreibwerkstatt zur Erarbeitung eines Lehrportfolios beschrieben, wie es Nicole Auferkorte-Michaelis in ihrer Werkstattarbeit einsetzt.

Ziele

- Sammlung der Stärken & Ressourcen, Standards & pädagogischen Überzeugungen und die Entwicklung von Perspektiven
- Inhaltliche Vorbereitung für das Lehrportfolio
- Fokussierung inhaltlicher Schwerpunktsetzungen

Dauer

Jeweils 10 Minuten pro Frage, plus 3 Minuten individuelle Zeit für Notizen und Anmoderation, max. 45 Minuten.

Material

- Schreibmaterialien
- Moderationskarten und unterschiedlichen Farben, jeweils 3 pro Person
- Moderationswand o.ä.

Durchführung

Im Partner:innendialog werden zunächst die einzelnen Fragen jeweils 10 Minuten lang diskutiert, anschließend notiert jede Person für sich selbst die jeweils 3 wichtigsten Punkte, die für ihre Lehrpraxis zutreffen. Dabei wird für jeden Punkt bzw. Gedanken jeweils eine Karte beschriftet. Wichtig dabei ist, dass dabei eine

Aussage formuliert wird und kein Schlagwort, so dass es möglich ist, sich auch nach längerer Zeit noch daran zu erinnern, was damit gemeint ist und es auch für andere verständlich nachvollziehbar ist.

Arbeitsanweisung Schreibübung: Interview zu Erfahrungen aus der Lehrpraxis

Nehmen Sie sich jeweils 10 Minuten Zeit für eine Frage und halten Sie anschließend die jeweils drei wichtigsten Punkte fest.

1. Was läuft gut? (Stärken & Ressourcen)
   Hier geht es um Ihre guten Erfahrungen mit Methoden, Themen und Lehr-Lernformen, oder auch persönliche Voraussetzungen wie Zeitmanagement, Organisationstalent u.a.m. Unter Ressourcen ist weniger die finanzielle Ausstattung gemeint, sondern persönliche Voraussetzungen wie besondere Kenntnisse, didaktisches Können, Geduld und Motivation u.a.m.
2. Was ist mir wichtig? (Standards & „beliefs" bzw. pädagogische Überzeugungen)
   Hier geht es um Ihre übergeordneten Lehr-Lernziele disziplinär und darüber hinaus, die Erwartungen an Ihre Studierenden, an sich selbst und auch an das Fachliche, Ihr Selbstverständnis, die Rolle als Lehrperson u.a.m.
3. Was möchte ich zukünftig? (Perspektiven für die Lehre)
   Hier geht es um Ihre Vorstellungen und Wünsche, wie Sie zukünftig lehren möchten, welche Themen und mit welchen Methoden oder Medien u.a.m.

Steckbrief: Self-Assessment

Beschreibung

Studierende werden befähigt, ihren Bedarf an Feedback in Bezug auf Lernprozesse und Lernergebnisse selbstständig zu erkennen und zu decken, um Learning Outcomes besser zu erreichen.

> [...] the purpose of self assessment is to generate feedback that promotes learning and improvements in performance. This learning-oriented purpose of self-assessment implies that it should be formative: if there is no opportunity for adjustment and correction, self-assessment is almost pointless (Andrade, 2018, 377).

Dabei erlangen Studierende wie Lehrende Feedbackkompetenz (engl. „Feedback-Literacy"). *Student* Feedback-Literacy wird als „the understandings, capacities and dispositions needed to make sense of information and use it to enhance work or learning strategies." (Carless & Boud, 2018) definiert. *Teacher* Feedback-Literacy wird als „teachers' capacities to design and facilitate effective feedback processes." (Nieminen & Carless, 2022 nach Boud & Dawson, 2021) definiert.

Weitere positive Wirkungen - engl. „Impact" -, die bei Studierenden durch den Einsatz von Self-Assessment auftreten können (in Anlehnung an Henderson et al. 2019, 27ff.), sind:

- verbessertes kognitives Verständnis von Konzepten oder Kompetenzen
- verbesserte Selbststeuerung der eigenen Lernprozesse (Metakognition)
- gesteigerte Motivation oder Emotion
- gestärkte Beziehung zwischen den Feedbackparteien
- gestärkte fachliche Identität

Dauer

Abhängig von der Art des Assessments von 10–15 Minuten für ein Quiz oder einen Kurztest bis hin zu mehreren Stunden für die Selbstbewertung und ggf. Verbesserung einer Hausarbeit.

Material

Je nach Präferenz und Wahl der Self-Assessment-Methode.

Unterstützungsangebote von Lehrenden

Handlungswirksames, formatives Feedback kann nur gegeben werden, wenn Informationen über den aktuellen Leistungsstand des oder der Lernenden verfügbar sind. Das leisten Assessments, sie machen individuelle oder Gruppenleistungen sichtbar. Das kann klassisch durch Angebote der Lehrenden (Tests, Quizzes, Feedbackgespräche etc.) geschehen, aber auch durch die Studierenden selbst in Form von Self-Assessments. Folgende Schritte dienen dazu als Anleitung (zusammengestellt aus Panadero et al., 2019, 151 und Andrade 1999, 18 f.):

Durchführung

1. Bewusstsein für den Wert und die Einsatzmöglichkeiten von Self-Assessment schaffen.
2. Kriterien festlegen, nach denen die Leistungen bewertet werden.
3. Gegebenenfalls den Einsatz der Kriterien mit den Anwender:innen üben.
4. Eine spezifische Aufgabe oder Leistung festlegen, die bewertet werden soll.
5. Self-Assessment durchführen lassen.
6. Anwender:innen bei der Auswertung der Bewertungsergebnisse des Self-Assessments unterstützen.
7. Eigenes Feedback zu den Ergebnissen des Self-Assessments oder alternative Ressourcen anbieten.
8. Gelegenheit zur Überarbeitung und Verbesserung bieten.

Steckbrief: Sin-Obelisk

Beschreibung

Die Studierenden lernen in dieser Methode, wie sie in einer Gruppen mit unterschiedlichen Vorwissen zusammenarbeiten und Probleme lösen können. Sie reflektieren im Anschluss an die Gruppenarbeitsphase Führungsverhalten, Kooperationsbereitschaft und Konfliktmuster bei der Problemlösung in der Gruppe (Gruppengröße: 5–8 Teilnehmer:innen pro Gruppe).

Die nachfolgende Beschreibung stammt mit leichten Überarbeitungen aus dem Buch „Mehr Erfolg im Team" (Francis & Young, 2007).

Dauer

Circa eine bis anderthalb Stunden, davon 25 Minuten zur Lösung der Aufgabe und zwischen 40 bis 60 Minuten zur Prozessanalyse

Material

Zur Durchführung in Präsenz werden folgende Materialien benötigt:

- ein Instruktionsblatt „Der Sin-Obelisk" für jede:n Teilnehmer:in
- ein Satz Informationskärtchen für die Gruppe (33 Kärtchen pro Satz)
- Flipchart, Moderationsmarker, Tafel, Kreide etc.
- Papier und Bleistift für die Teilnehmer:innen
- eine Kopie „Fragen zur Prozessanalyse" für die Moderation

Weitere inhaltliche Informationen zur Vorbereitung des Materials sowie die Lösung finden Sie weiter unten.

Durchführung

1. Die Moderation gibt allen Teilnehmer:innen jeweils ein Instruktionsblatt, Papier und Bleistift.

2. Wenn die Mitglieder die Instruktionen gelesen haben, verteilt die Moderation pro Gruppe einen Satz Informationskärtchen zufällig unter der Gruppe, und die Mitglieder beginnen die Aufgabe.
3. Die Gruppen lösen die Aufgabe und werden nach 25 Minuten von der Moderation unterbrochen.
4. Die Moderation diskutiert mit dem Team den Lösungsprozess; dazu werden die „Fragen zur Prozessanalyse" vorgestellt und ggf. die Lösung und Erklärung der Aufgabe besprochen.

Weitere Informationen zum Sin-Obelisk

Schreiben Sie jede der folgenden Informationen auf ein Kärtchen (z.B. 7 x 5 cm groß).

1. Die elementare Zeiteinheit in Atlantis ist der Tag.
2. Der atlantische Tag ist unterteilt in Quags und Yoghs.
3. Die Länge des Sin beträgt 50 Ellen.
4. Die Höhe des Sin beträgt 100 Ellen.
5. Die Breite des Sin beträgt 10 Ellen.
6. Der Sin Obelisk wird aus Steinblöcken zusammengesetzt.
7. Jeder Block ist eine Kubikelle groß.
8. Der erste Tag der Woche heißt „Aquatag".
9. Der zweite Tag der Woche heißt „Neptiminus".
10. Der dritte Tag der Woche heißt „Avgamatia".
11. Der vierte Tag der Woche heißt „Ninildu".
12. Der fünfte Tag der Woche heißt „Meltemi".
13. Die Woche in Atlantis hat fünf Tage.
14. Ein Arbeitstag dauert 9 Quags.
15. Jede:r Arbeiter:in hat insgesamt 16 Yoghs Pause.
16. Ein Quag besteht aus 8 Yoghs.
17. Jede:r Arbeiter:in legt 150 Blöcke pro Quag.
18. Während der Arbeitszeit befindet sich jeweils eine Gruppe von 9 Leuten an der Baustelle.
19. Ein Mitglied jeder Gruppe hat rituelle Pflichten und legt keine Blöcke.
20. Am Meltemi wird nicht gearbeitet.
21. Was ist ein Klaster?

22. Ein Klaster ist ein Würfel, dessen Kanten einen antediluvialen Yard betragen.
23. Eine antediluviale Parasange hat 3 1/2 Ellen.
24. Wird am Sonntag gearbeitet?
25. Was ist ein Sin?
26. Mit welcher Seite nach oben steht der Sin?
27. Der Sin besteht aus blassvioletten Blöcken.
28. Blassviolett hat am Avgamatiatag eine besondere kultische Bedeutung.
29. In jeder Gruppe arbeiten zwei Frauen.
30. Die Arbeit beginnt am Aquatag bei Tagesanbruch.
31. Nur eine Gruppe arbeitet jeweils auf der Baustelle.
32. Acht Atlantis Chips ergeben einen pharaonischen Dollar.
33. Ein Steinblock kostet 2 pharaonische Dollar.

Lösung

1. Die Ausmaße des Sin-Obelisks ergeben, dass er aus 50.000 Kubikellen Raum besteht (Höhe x Breite x Länge).
2. Jeder Block hat eine Kubikelle, deshalb werden 50.000 Blöcke benötigt.
3. Jede:r Arbeiter:in arbeitet 7 Quags pro Tag (2 Quags sind Ruhepause).
4. Jede:r Arbeiter:in legt 150 Blöcke pro Quag, das ergibt 1.050 Blöcke pro Tag.
5. Es arbeiten immer 8 Leute am Obelisk, diese legen 8.400 Blöcke am Tag.
6. Der 50.000ste Block wird daher am 6. Arbeitstag gelegt.
7. Weil am Meltemi nicht gearbeitet wird, ist der sechste Arbeitstag der Neptiminus.

Unterlagen für die Teilnehmer:innen

Arbeitsauftrag:
In der alten Stadt Atlantis wurde zu Ehren der Göttin Onra ein „SIN", ein massiver rechteckiger Obelisk, gebaut. Das Bauwerk wurde in weniger als zwei Wochen vollendet. Aufgabe der Gruppe ist es nun, gemeinsam herauszufinden, an welchem Tag der Obelisk fertiggestellt wurde. Sie haben dazu 25 Minuten Zeit. Sie erhalten zur Lösung der Aufgabe Kärtchen mit Informationen.

Sie dürfen diese Kärtchen nicht herzeigen oder hergeben. Stellen Sie Ihr aus den Kärtchen gewonnenes Wissen der Gruppe zur Verfügung und versuchen Sie gemeinsam die Lösung zu finden.

Fragen zur Prozessanalyse:

- Welche Verhaltensweisen haben der Gruppe bei der Lösung der Aufgabe geholfen?
- Welche haben die Gruppe behindert?
- Wie sind Führungsfunktionen entstanden?
- Wer hat sich beteiligt?
- Wer hat sich zurückgehalten?
- Wie haben Sie für sich selbst den Lösungsprozess erlebt?
- Was würden Sie vorschlagen, um die Leistung der Gruppe zu verbessern?

Steckbrief: SPINK – Vorwissen aktivieren

Beschreibung

Die Studierenden bekommen die Aufgabe, in Kleingruppen ein Produkt - ein sogenanntes SPINK - zu entwickeln, das ihnen die Mitarbeit in der Veranstaltung erleichtern könnte. Bei der Entwicklung des Produktes sind den Studierenden keine logischen, physischen oder realistischen Grenzen gesetzt. Ziel ist es, den Studierenden die Möglichkeit zu geben, sich zu Veranstaltungsbeginn in kleinen Gruppen kennenzulernen und kreativ mit ihrem Vorwissen zu Ihrer Veranstaltung zu arbeiten. SPINK wurde von Nicole Auferkorte-Michaelis und Annette Hintze für die hochschuldidaktische Aus- und Weiterbildung entwickelt.

Dauer

Circa 50 Minuten inkl. Auswertung.

Material

Für die Durchführung von SPINK benötigen Sie in Präsenz Flipchartpapier und Moderationsstifte. Im Digitalen können Sie z.B. den WhiteboardFox (www.whiteboardfox.com) für die Zusammenarbeit nutzen.

Durchführung

Die Studierenden in den Kleingruppen lernen sich zunächst kennen und tauschen sich zu ihren Erfahrungen zu dem Veranstaltungsthema aus (Dauer: 10 Minuten). Im nächsten Schritt haben die Studierenden Zeit (Dauer: 20 Minuten), ein neues Produkt zu entwickeln, das ihnen das Lernen in der Veranstaltung erleichtert. Ihr Produkt wird auf der Flipchart benannt und skizziert (schriftlich mit Notizen, grafisch aufgemalt). Abschließend werden die SPINKs im Plenum präsentiert und wie ein neues Produkt beworben.

Die Ergebnisse werden zum Abschluss mit Ihren Erwartungen an die Studierenden hinsichtlich des Vorwissens und auch der erwarteten Lernergebnisse abgeglichen. Sie machen damit auf kreative Art transparent, welches Vorwissen die Studierenden mitbringen, welche Fragestellungen sie beschäftigen und können beides mit Ihren Anforderungen, Erwartungen und Vereinbarungen abgleichen.

Die SPINKs können, falls sie passen, an geeigneter Stelle in die Veranstaltung eingebunden bzw. erneut aufgegriffen werden, um zu zeigen, welche Vorerfahrung und Wissen ihre Studierenden zu einem Thema bereits mitbringen.

Steckbrief: Teaching Analysis Poll (TAP)

Die Teaching Analysis Poll (TAP) ist eine strukturierte Feedbackmethode, die Lehrpersonen dabei unterstützt, studentisches Feedback bereits während des laufenden Semesters einzuholen. Das Ziel eines TAPs ist es, spezifische handlungsorientierende Informationen zur Veränderung und Verbesserung einer konkreten Lehr- und Lernsituation zu erhalten. Es wird üblicherweise von einer lehrveranstaltungsexternen Moderation durchgeführt. Der/die TAP-Moderator:in fungiert so einerseits als „Sprachrohr" der Studierenden und unterstützt andererseits die Lehrenden auch bei der späteren Auswertung der Ergebnisse (Frank & Kaduk, 2017, 40 f.).

Die TAP ist geeignet für die Zwischenevaluation von semesterbegleitenden Lehrveranstaltungen:

- Gruppengröße: in der Literatur wird die Durchführbarkeit von TAPs in Gruppengrößen von 20 bis 300 Studierenden diskutiert. Optimal sind aus Erfahrung der Autor:innen Gruppengrößen von bis zu 60 Studierenden.
- Lehrpersonen,
  - die wenig zeitliche Ressourcen für Evaluationsmaßnahmen aufwenden können
  - die aktive Unterstützung beim Einholen und Auswertung des Studierendenfeedbacks durch eine:n Moderator:in wünschen
- Erkenntnisinteresse: handlungsorientierende Informationen zur Veränderung und Verbesserung der konkreten Lehr- und Lernsituation

Dauer

- Vorbereitung (Vorgespräch Lehrperson und TAP-Moderator:in): ca. 15 Minuten
- Durchführung (TAP-Moderator:in und Studierende): ca. 30 Minuten
- Auswertungsgespräch (TAP-Moderator:in und Lehrperson): ca. 15 bis 45 Minuten
- Rückmeldegespräch (Lehrperson und Studierende): ca. 5 bis 20 Minuten

Material

Für die Durchführung einer TAP in Präsenz werden Gruppenarbeitsblätter benötigt, auf denen die Studierenden stichwortartig ihre Antworten auf die drei TAP-Fragen notieren:

- Wodurch lernen Sie im Rahmen dieser Veranstaltung am besten?
- Was erschwert Ihr Lernen im Rahmen dieser Veranstaltung?
- Welche Verbesserungsvorschläge haben Sie für diese Veranstaltung?

Durchführung

Am vereinbarten Termin beendet die Lehrperson die reguläre Sitzung ca. 30 Minuten früher und der/die TAP-Moderator:in kommt in die Lehrveranstaltung. Die Lehrperson stellt den/die TAP-Moderator:in kurz vor und verlässt den Raum. Prinzipiell können Lehrpersonen eine TAP aber auch selbst durchführen. Dabei folgen sie, wie auch die Moderator:innen, den nachfolgend beschriebenen Schritten.

Tipp: Erläutern Sie Ihren Studierenden kurz, warum Sie sich genau jetzt Feedback wünschen. Möchten Sie beispielsweise die folgenden Sitzungen besser auf die Bedürfnisse der Studierenden anpassen? Oder sind Sie interessiert, wie Ihr neues Lehrformat bei Ihren Studierenden angekommen ist? Mit einem kleinen Ausblick darauf, was mit den Ergebnissen passiert, stärken Sie die Teilnahmebereitschaft der Studierenden und es entsteht auch nicht der fälschliche Eindruck, dass Sie von außen kontrolliert werden.

Bei der nun folgenden Durchführung des TAP-Gesprächs können Sie sich an den folgenden Schritten orientieren:

Zeit	**Aktivität Moderator:in**	**Aktivität Studierende**
1 Minute	Kurze Erläuterung der Methode und des Ziels Tipp: Üben Sie vorab die Anmoderation, denn die eine Minute ist schnell vorbei.	

Zeit	Aktivität Moderator:in	Aktivität Studierende
1 Minute	Einteilung der Kleingruppen Tipp: Es reichen drei bis fünf Gruppen aus, um eine theoretische Sättigung an Rückmeldungen zu erreichen. Eine größere Anzahl an Gruppen wird in der Regel keinen Mehrwert an Erkenntnissen bringen, den zeitlichen Aufwand aber erhöhen (Morgan, 2009, indirekt zitiert durch Halewka & Hiltmann 2016, S.1).	Die Studierenden finden sich mit ihren unmittelbaren Sitznachbar:innen zu Gruppen mit bis zu 7 Personen zusammen.
1 Minute	Verteilung der Gruppenarbeitsblätter.	Jede Gruppe erhält ein Gruppenarbeitsblatt und wählt eine Person aus, die mitschreibt.
7 Minuten	Gruppenarbeit Tipp: Ermutigen Sie die Studierenden alles aufzuschreiben, was ihnen wichtig ist. Es müssen keine ausgefeilten Formulierungen gesucht werden. Umgangssprache ist in Ordnung, Hauptsache man weiß, was gemeint ist.	In den Gruppen diskutieren die Studierenden folgende drei Fragen: – Wodurch lernen Sie im Rahmen dieser Lehrveranstaltung am besten? – Was erschwert Ihr Lernen im Rahmen dieser Veranstaltung? – Welche Verbesserungsvorschläge haben Sie für diese Lehrveranstaltung? Ein:e Studierende:r notiert stichwortartig die Aspekte, die in ihrer Gruppe genannt werden. Es werden auch die Aspekte aufgeschrieben, zu denen divergierende Meinungen entstehen.

Zeit	Aktivität Moderator:in	Aktivität Studierende
20 Minuten	Gruppendiskussion und Abstimmung Sie sammeln das erste Gruppenarbeitsblatt ein und gehen die Punkte, die die Studierenden aufgeschrieben haben, einzeln durch. Bei den Punkten, die Ihnen unklar sind, fragen Sie die Gruppe, was gemeint ist. Ist Ihnen und der Gesamtgruppe klar, was gemeint ist, bitten Sie alle Studierenden um Zustimmung per Handzeichen. Diejenigen, die dem Punkt nicht zustimmen, melden sich nicht. Zählen Sie die Hände und schreiben Sie die Zahl neben den jeweiligen Punkt auf dem Arbeitsblatt. Ist das erste Arbeitsblatt durchgesprochen, sammeln Sie das nächste Arbeitsblatt ein und gehen genauso vor, bis alle Arbeitsblätter besprochen und abgestimmt sind.	Es werden nicht alle Gruppenarbeitsblätter auf einmal einzeln eingesammelt, sondern nach und nach. Bei der Besprechung der Arbeitsblätter hören alle Studierenden zu. Diejenigen, die noch ein Arbeitsblatt vorliegen haben, streichen die Punkte durch, die bereits besprochen wurden. So werden im Verlauf nur die Punkte besprochen, die neu und nicht redundant sind. An der Abstimmung beteiligen sich alle Studierenden mit Handzeichen, also auch diejenigen, die die Punkte aufgeschrieben haben. So entsteht ein Stimmungsbild der gesamten Gruppe und mehrheitsfähige Punkte sowie Einzelmeinungen werden sichtbar.

Zeit	Aktivität Moderator:in	Aktivität Studierende
1 Minute	Abschluss der TAP Nachdem alle Aspekte abgestimmt wurden, ist die TAP beendet. Bedanken Sie sich bei den Studierenden für ihr Feedback und die aktive Mitarbeit und stellen Sie in Aussicht, dass die TAP-Ergebnisse in der nächsten Sitzung noch einmal aufgegriffen werden. Tipp: Planen Sie die TAP nach Möglichkeit so, dass nicht im unmittelbaren Anschluss die nächste Lerngruppe vor der Tür steht. Manchmal ergibt sich nach der TAP noch ein kurzes Individualgespräch oder die Gruppendiskussion dauert etwas länger als geplant. Da ist es gut, einen kleinen Puffer zu haben.	

Tab. 5: Durchführung der Teaching Analysis Poll (TAP)
Quelle: Eigene Darstellung

Nach Abschluß des TAP-Gesprächs mit den Studierenden fasst der/die TAP-Moderator:in die Ergebnisse in einem TAP-Bericht zusammen, der der Lehrperson zur Verfügung gestellt wird, und bespricht sie innerhalb eines vertraulichen Auswertungsgesprächs (i.d.R. innerhalb der nächsten fünf Tage). In diesem Gespräch wird auch geklärt, wie auf die Rückmeldungen der Studierenden eingegangen werden kann. Darüber hinaus werden Möglichkeiten für das weitere Vorgehen der Lehrperson erarbeitet.

In der nächsten Sitzung der Lehrveranstaltung bespricht die Lehrperson die Ergebnisse, Interpretationen und Handlungsmöglichkeiten mit den Studierenden und beschließt (falls nötig), welche Konsequenzen daraus gezogen werden sollen.

Steckbrief: Zielscheibe

Beschreibung

Die Zielscheibe als Evaluationsmethode wird verwendet, um eine quantitative Bewertung bzw. ein Gesamtbild der Gruppe anhand einzelner Kategorien zu ermöglichen. Die nachfolgende Beschreibung der Methoden stammt mit leichten Überarbeitungen aus dem Buch 666 Spiele (Baer, 2009).

Dauer

Circa 5–10 Minuten.

Material

Zur Durchführung in Präsenz werden Flipcharts bzw. ein Poster mit Zielscheibe sowie Klebepunkte benötigt. Für den Einsatz der Methode im digitalen Raum kann über www.oncoo.de/Zielscheibe/ eine digitale Zielscheibe kostenfrei und ohne Registrierung erstellt und genutzt werden.

Anleitung für die Studierenden

- Bewerten Sie zunächst für sich selbst die heutige Sitzung und notieren sie Ihre Antworten auf der ausgeteilten Kopie der Zielscheibe.
- Je näher der Punkt an der Mitte angesetzt wird, desto positiver ist die Bewertung in der einzelnen Kategorie.
- Bitte übertragen Sie im zweiten Schritt Ihre Bewertungen mit Klebepunkten oder mit Kreuzchen auf die vorbereitete Zielscheibe auf dem Plakat.

Durchführung

In der Regel ist es die Lehrperson, die Kategorien festlegt, zu denen sich die Teilnehmer:innen äußern sollen. Es ist aber genauso gut möglich, die Bereiche im Gespräch gemeinsam zu bestimmen.

Es ist wichtig, dass vor Beginn anschaulich die Wertigkeit der Punktvergabe an der Zielscheibe erklärt wird, da es immer wieder zu Missverständnissen bei der Interpretation der Bewertungsskalen kommt.

Ebenso muss die Leitfrage deutlich formuliert sein. Beispielsweise: „Wie zufrieden bin ich mit ...?"

Die Punkte von 1 (in der Mitte der Zielscheibe) bis 5 (am Rand der Zielscheibe) entsprechen den Bewertungen „sehr zufrieden" bis „wenig zufrieden".

Die Punktbewertung kann auf unterschiedliche Weise vollzogen werden.

- Öffentlich: Alle bewerten zur gleichen Zeit. Die individuelle Bewertung ist sichtbar für andere Teilnehmer:innen.
- Anonym: In diesem Fall sollte die Zielscheibe entweder von der Gruppe abgewandt oder an einem Ort aufgestellt werden, der nicht einsehbar ist.
- Persönlich: Mit der Bewertung schreiben die Teilnehmer:innen ihre Initialen auf die Punkte.

8 Literatur und Quellenverzeichnis

Aichner, Rudolf; Fleischmann, Andreas; Gluth, Christine; Popp, Daniela & Strasser, Alexandra (2013). *Grundprinzipien und Erfolgsfaktoren guter Hochschullehre*. Aufgerufen am 27.3.2023 von https://www.prolehre.tum.de/fileadmin/w00btq/www/Angebote_Broschueren_Handreichungen/prolehre_erfolgsfaktoren.pdf.

AAC&U (American Association of Colleges and Universities) (o.J.). *VALUE Rubrics*. Aufgerufen am 27.3.2023 von https://www.aacu.org/initiatives/value-initiative/value-rubrics.

Andrade, Heidi L. (2018). Feedback in the context of self-assessment. In Anastasiya A. Lipnevich & Jeffrey K. Smith (Hrsg.), *The Cambridge handbook of instructional feedback* (S. 376–408). Cambridge University Press.

Andrade, Heidi L. (2010). Students as the definitive source of formative assessment. Academic assessment and the self-regulation of learning. In Heidi L. Andrade & Gregory J. Cizek (Hrsg.), *Handbook of Formative Assessment* (S. 90-105). Routledge.

Andrade, Heidi Goodrich (1999). *Student Self-Assessment: At the Intersection of Metacognition and Authentic Assessment*. [Meeting Paper]. Annual Meeting of the American Educational Research Association (AERA), Montreal, Canada. Aufgerufen am 27.3.2023 von https://files.eric.ed.gov/fulltext/ED431030.pdf.

Auferkorte-Michaelis, Nicole & Haschke, Henning (2020). „Ich gehe online: Wer kommt mit?" Feed_In Befragungen vor Veranstaltungsbeginn. In *Diversität konkret: Handreichung für das Lehren und Lernen an Hochschulen*, 2/2022, Aufgerufen am 27.3.2023 von https://doi.org/10.17185/duepublico/73648.

Auferkorte-Michaelis, Nicole & Bock, Silke (2012). Das Lehrportfolio als Karriereförderung. Ein Instrument für Praxisreflexion und Leistungstransparenz. In Birgit Szczyrba & Susanne Gotzen (Hrsg.), *Das Lehrportfolio. Entwicklung, Dokumentation und Nachweis von Lehrkompetenz an Hochschulen* (S. 155-166). LIT Verlag.

Auferkorte-Michaelis, Nicole & Ladwig, Annette (2011). Anforderungsprofil Lehrkompetenz: über die Einstellung zur guten Lehre. In Heiner Böttger & Gabriele Gien (Hrsg.), *Aspekte einer exzellenten universitären Lehre* (S. 95-109). Klinkhardt.

Auferkorte-Michaelis, Nicole & Szczyrba, Birgit (2004). Das Lehrportfolio in der Reflexions- und Schreibwerkstatt. In Brigitte Berendt, Hans-Peter

Voss & Johannes Wildt (Hrsg.), *Neues Handbuch Hochschullehre,* (Griffmarke E 6.2).

Baer, Ulrich (2009). *666 Spiele: für jede Gruppe, für alle Situationen.* Klett.

Barkholz, Ulrich; Israel, Georg; Paulus, Peter & Posse, Norbert (1997). *Gesundheitsförderung in der Schule. Ein Handbuch für Lehrerinnen und Lehrer.* Landesinstitut für Schule und Weiterbildung, Kettler.

Barr, Robert B. & Tagg, John (1995). From teaching to learning. A new paradigm for undergraduate education. In *Change (27)*, 13-25.

Bastian, Johannes; Combe, Arno; Langer, Roman (2005). *Feedback-Methoden. Erprobte Konzepte, evaluierte Erfahrungen.* Weinheim/Basel.

Boud, David & Molloy, E. (2013). Rethinking models of feedback for learning: the challenge of design. In *Assessment & Evaluation in Higher Education, 38*(6), 698-712.

Boud, David & Dawson, Phillip (2021). *What feedback literate teachers do. An empirically-derived competency framework. Assessment & Evaluation in Higher Education.* https://doi.org/10.1080/02602938.2021.1910928

Bräuer, Gerd (2016). *Das Portfolio als Reflexionsmedium für Lehrende und Studierende.* UTB.

Brehmer, Jana & Becker, Sebastian (2017). *„Was ist ein Lernportfolio?" ...und wie ist der Einsatz in der Lehre?* Georg-August-Universität Göttingen. Aufgerufen am 08.05.2023 von https://www.uni-goettingen.de/de/document/download/c5639bbf4e9428f131c993d066e2b168.pdf/13_Lernportfolio.pdf.

Bungard, Walter (2005). Feedback in Organisationen: Stellenwert, Instrumente und Erfolgs- faktoren. In Ingela Jöns & Walter Bungard (Hrsg.), *Feedbackinstrumente im Unternehmen: Grundlagen, Gestaltungshinweise, Erfahrungsberichte* (S. 7-28). Springer Gabler.

Bürgisser, Herbert (2006). Intervision: Eine innovative Form selbstorganisierten Lernens. In Christoph Steinebach (Hrsg.), *Handbuch Psychologische Beratung* (S. 565–573). Klett-Cotta.

Carless, David (2019). Feedback loops and the longer-term: Towards feedback spirals. In *Assessment & Evaluation in Higher Education, 44*(5), 705-714. Aufgerufen am 27.3.2023 von https://www.doi.org/10.1080/02602938.2018.1531108.

Carless, David & Boud, David (2018). The development of student feedback literacy: enabling uptake of feedback. In *Assessment & Evaluation in Higher Education, 43*(8), 1315-1325. Aufgerufen am 27.3.2023 von https://www.doi.org/10.1080/02602938.2018.1463354.

Carless, David & Winstone, Naomi (2020). Teacher feedback literacy and its interplay with student feedback literacy. In *Teaching in Higher Education, 28*(1), 150-163. Aufgerufen am 27.3.2023 von https://www.doi.org/10.1080/ 13562 517. 2020. 17823 72.

Chickering, Arthur W. & Gamson, Zelda F. (1987). Seven Principles for Good Practice in Undergraduate Education. In *The Wingspread Journal (9)*, 1-10.

Degenhardt, Marion & Karagiannakis, Evangelia (2008). Lerntagebuch, Arbeitsjournal und Portfolio: Drei Säulen eines persönlichen Lernprozess-Begleiters. In Brigitte Berendt, Hans-Peter Voss & Johannes Wildt (Hrsg.), *Neues Handbuch Hochschullehre* (S. 7-28). Raabe Verlag.

Dincer, Derya & Latta, Michelle (2022). „Well-being": eine studentische Freizeitaktivität oder Lernmotivation. Wie Lehrende den Erfolg ihrer Studierenden fördern können, indem sie sich trauen, eine Handlungsidee zu übernehmen, die gesundheitsfördernd wirken kann. In *Diversität konkret: Handreichung für das Lehren und Lernen an Hochschulen, 1/2022.*

Erpenbeck, Mechtild (2017). *Wirksam werden im Kontakt. Die systemische Haltung im Coaching.* Carl-Auer Verlag.

e-teaching.org (2018). *Learning Analytics.* Aufgerufen am 12.01.2023 von https://www.e-teaching.org/didaktik/qualitaet/learning_analytics/index_html.

Falchikov, Nancy & Blythman, Margo (2001). *Learning together. Peer Tutoring in higher education.* Routledge/ Falmer.

Fallner, Heinrich & Gräßlin, Hans-Martin (2001). *Kollegiale Beratung – eine Systematik zur Reflexion des beruflichen Alltags.* (2. Aufl.). Busch-Fachverlag.

Fengler, Jörg (2017). *Feedback geben.* Weinheim/Basel.

Francis, Dave & Young, Don (2007). *Mehr Erfolg im Team: Ein Trainingsprogramm mit 46 Übungen zur Verbesserung der Leistungsfähigkeit in Arbeitsgruppen,* Feldhaus Verlag.

Frank, Andrea; Fröhlich, Melanie & Lahm, Swantje (2011). Zwischenauswertung im Semester: Lehrveranstaltungen gemeinsam verändern. In *Zeitschrift für Hochschulentwicklung,* 6(3) Oktober 2011, 310-318.

Frank, Andrea & Kaduk, Svenja (2017). Lehrveranstaltungsevaluation als Ausgangspunkt für Reflexion und Veränderung. Teaching Analysis Poll (TAP) und Bielefelder Lernzielorientierte Evaluation (BiLOE). In Arbeitskreis Evaluation und Qualitätssicherung der Berliner und Brandenburger Hochschulen & Freie Universität Berlin (Hrsg.), *„QM-Systeme in Entwicklung: Change (or) Management?" Tagungsband der 15. Jahrestagung des Arbeitskreises Evaluation und Qualitätssicherung der Berliner und Brandenburger Hochschulen am 2./3. März 2015* (S. 39-51).

Futter, Kathrin (2012). Reflexion im Leistungsnachweis Lehrportfolio. Eine Herausforderung mit Potential. In Birgit Szczyrba & Susanne Gotzen (Hrsg.), *Das Lehrportfolio. Entwicklung, Dokumentation und Nachweis von Lehrkompetenz an Hochschulen* (S. 167-184).

Gössling, Bernd (2020). Nur die „Illusion guter Zusammenarbeit"? Zur Initiierung und Begleitung studentischer Gruppenarbeiten. *die hochschullehre, 6,* 181-200. Aufgerufen am 27.3.2023 von https://doi.org/10.3278/HSL2011W.

Hattie, John & Clarke, Shirley. (2018). *Visible learning feedback.* Routledge.

Hattie, John (2009). *Visible learning: a synthesis of over 800 meta-analyses relating to achievement.* Routledge.

Hattie, John (2012). *Visible learning for teachers.* Routledge.

Hattie, John & Timperley, Helen (2007). The Power of Feedback. In *Review of Educational Research, 77*(1), 81-112.

Hawelka, Birgit & Hiltmann, Stephanie (2018). Teaching Analysis Poll – ein Kodierleitfaden zur Analyse qualitativer Evaluationsdaten. In Martina Schmohr & Kristina Müller (Hrsg.), *Gelingende Lehre: erkennen, entwickeln, etablieren: Beiträge der Jahrestagung der Deutschen Gesellschaft für Hochschuldidaktik* (dghd) (S. 73-92). Bertelsmann Verlag.

HHU Methodensammlung (2016a). *Fünf-Finger-Feedback.* Aufgerufen am 27.07.2022 von https://www.hhu.de/.

HHU Methodensammlung (2016b). *Kopfstandmethode.* Aufgerufen am 27.07.2022 von https://www.hhu.de/.

Henderson, Michael; Ajjawi, Rola; Boud, David & Molloy, Elizabeth (2019). Identifying feedback that has impact. In Michael Henderson, Rola Ajjawi, David Boud & Elizabeth Molloy (Hrsg.), *The Impact of Feedback in Higher Education: Improving Assessment Outcomes for Learners* (S. 15-34). Springer International Publishing.

Henninger, Michael & Balk, Michael (2001). *Integrative Evaluation: Ein Ansatz zur Erhöhung der Akzeptanz von Lehrevaluation an Hochschulen* (Forschungsbericht Nr. 133). Ludwig-Maximilians-Universität München. Aufgerufen am 27.07.2022 von https://epub.ub.uni-muenchen.de/241/1/FB_133.pdf.

Hey, Alexandra H.; Pietruschka, Sabine; Jöns, Ingela & Bungard, Walter (1999). Feedback als Unterstützungssystem für Arbeitsgruppen. In *Psychologie in Österreich, 19*(3), 138-145.

Hofmann, Yvette E.; Müller-Hotop, Raphael; Datzer, Daniela; Razinskas, Stefan & Hoegl, Martin (2021): Belastungserfahrungen im Studium: Wie Hochschulen ihre Studierenden stärken können. In *Beiträge zur Hochschulforschung, 43*(3), 76- 91.

Hylén, Jan (2016). Learning Analytics und die Zukunft des Lernens. In *CHECK.point eLearning.* Aufgerufen am 12.01.2023 von https://www.checkpoint-elearning.de/hochschule/learning-analytics-und-die-zukunft-des-lernens-.

Johnson, Larry; Adams, Samantha & Cummins, Michele (2012). *NMC Horizon Report: 2012 Higher Education Edition: Deutsche Ausgabe* (Übersetzung: Helga Bechmann). Austin, Texas: The New Media Consortium.

Jülicher, Tim (2015). *Big Data in der Bildung – Learning Analytics, Educational Data Mining und Co. ABIDA-Dossier.* Aufgerufen am 12.01.2023 von https://www.abida.de/sites/default/files/Education.pdf.

Keller, Hans; Heinemann, Elke & Kruse, Margret (2012). Die Ratingkonferenz. *Zeitschrift für Evaluation, 11*(2), 287-298. Aufgerufen am 27.3.2023 von http://www.hkeller.ch/publikationen/2-2012_Keller_et_al_Die_Ratingkonferenz_END.pdf.

Kerres, Michael (2018). *Mediendidaktik: Konzeption und Entwicklung digitaler Lernangebote. De* Gruyter.

Klein, Irene (2010). *Gruppenleiten ohne Angst: ein Handbuch für Gruppenleiter.* Auer.

Kopp, Brigitte; Germ, Melanie, & Mandl, Heinz (2009). Professionelle Unterstützung von Lernprozessen durch Tutoren. In Olga Zlatkin-Troitschanskaia, Klaus Beck, Detlef Sembill, Reinhold Nickolaus & Regina Mulder (Hrsg.), *Lehrprofessionalität – Bedingungen, Genese, Wirkungen und Messung* (S. 691-702). Weinheim: Beltz.

Kruse, Otto (2007). *Keine Angst vor dem leeren Blatt: Ohne Schreibblockaden durchs Studium.* campus concret.

Kruse, Otto; Jakobs, Eva-Maria & Ruhmann, Gabriela (Hrsg.). (2003): *Schlüsselkompetenz Schreiben. Konzepte, Methoden, Projekte für Schreibberatung und Schreibdidaktik an der Hochschule.* UVW Universitätsverlag Webler.

Kuh, George D. (2003). What we're learning about student engagement from NSSE. In *Change: The Magazine of Higher Learning, 35*(2), 24–32.

Kühl, Wolfgang & Schäfer, Erich (2020). *Intervision. Grundlagen und Perspektiven.* Springer.

Landesinstitut für Schule (2006) *Blitzlicht.* Aufgerufen am 11.01.2023 von https://www.lis.bremen.de.

Landwehr, Norbert (2005). Lehrevaluation als Anstoß zur Unterrichtsentwicklung. *Beiträge zur Lehrerbildung, 23*(3), 321-332. Aufgerufen am 08.05.2023 von https://www.pedocs.de/volltexte/2017/13577/pdf/BZL_2005_3_321_333.pdf.

Langer, Inghard, Schulz von Thun, Friedemann & Tausch, Reinhard (2019). *Sich verständlich ausdrücken* (11. Aufl.). Ernst Reinhardt Verlag.

Lehner, Martin (2009). *Viel Stoff – wenig Zeit.* HauptVerlag.

Linde, Frank & Auferkorte-Michaelis, Nicole (2021). *Diversität in der Hochschullehre – Didaktik für den Lehralltag.*Verlag Barbara Budrich.

Linde, Frank (2009). Qualitätsentwicklung in der Hochschullehre durch Peer-Besuche. In Anja von Richthofen & Michael Lent (Hrsg.), *Qualitätsentwicklung in Studium und Lehre* (S. 199-207), W. Bertelsmann Verlag.

Methodenkoffer SGL (o.J.) *Portfolio.* Aufgerufen am 11.01.2023 von https://methodenkoffer-sgl.de.

Lißner, Andrea (2017). *E-Portfolio als Methode – TUDfolio: E-Portfolios in OPAL.* Aufgerufen am 08.05.2023 von https://bildungsportal.sachsen.de/opal/auth/RepositoryEntry/5179375619/CourseNode/87910630357957.

Lutz-Kopp, Caroline; Meinhardt-Injac; Bozana, & Luka-Krausgrill, Ursula (2018). Psychische Belastung Studierender. *Prävention und Gesundheitsförderung,* 1-8.

Massing, Till; Reckmann, Natalie; Otto, Benjamin; Hermann, Kim J.; Hanck, Christoph & Goedicke, Michael (2018). Klausurprognose mit Hilfe von E-Assessment-Nutzerdaten. In Detlef Krömker & Ulrik Schroeder (Hrsg.), *DeLFI 2018 – Die 16. E-Learning Fachtagung Informatik, Lecture Notes in Informatics (LNI).* (S. 171-176), Gesellschaft für Informatik.

Massing, Till; Reckmann, Natalie; Blasberg, Alexander; Otto, Benjamin; Hanck, Christoph & Goedicke, Michael (2021). When is the Best Time to Learn? – Evidence from an Introductory Statistics Course. *Open Education Studies, 2021*(3), 84-95. Aufgerufen am 27.3.2023 von https://doi.org/10.1515/edu-2020-0144.

McKeachie, Wilbert J. (1997). Student ratings: The validity of use. *American Psychologist, 52*(11), 1218–1225. Aufgerufen am 27.3.2023 von https://doi.org/10.1037/0003-066x.52.11.1218.

Metz-Göckel, Hellmuth (2013). Gruppenarbeit und ihre Gefahren. *Journal Hochschuldidaktik,* 24(1+2), 11-14.

Müller, Andreas & Schmidt, Bernhard. (2009). Prüfungen als Lernchance: Sinn, Ziele und Formen von Hochschulprüfungen. *Zeitschrift für Hochschulentwicklung,* 4(1). Aufgerufen am 27.3.2023 von https://doi.org/10.3217/zfhe-4-01/03.

Nieminen, Juuso Henrik & Carless, David (2022). Feedback literacy: a critical review of an emerging concept. *Higher Education.* Aufgerufen am 27.3.2023 von https://doi.org/10.1007/s10734-022-00895-9.

Panadero, Ernesto; Lipnevich, Anastasiya & Broadbent, Jaclyn (2019). Turning self-assessment into self-feedback. In Michael Henderson, Rola Ajjawi, David Boud & Elizabeth Molloy (Hrsg.), *The Impact of Feedback in Higher Education. Improving Assessment Outcomes for Learners* (S. 147-163), Springer Link.

Pratt, Daniel D. (2002). Good teaching – One size fits all? In Jovita M. Ross-Gordon (Hrsg.), *Contemporary Viewpoints on Teaching Adults Effectively. New Directions for Adult & Continuing Education* (S. 5-16), Jossey-Bass.

Rindermann, Heiner (2003). Lehrevaluation an Hochschulen: Schlussfolgerungen aus Forschung und Anwendung für Hochschulunterricht und seine Evaluation. *Zeitschrift für Evaluation, 3*(2), 233–256.

Ruhr Universität Bochum (o.J.) *TAP – Teaching Analysis Poll (Präsenzvariante).* Aufgerufen am 11.01.2023 von https://www.zfw.rub.de.

Schluer, Jennifer (2022). *Digital Feedback Methods.* Narr Attempto Verlag.

Schmid, Bernd; Veith, Thorsten & Weidner, Ingeborg (2019). *Einführung in die kollegiale Beratung.* Carl-Auer Verlag.

Stammen, Karl-Heinz & Haschke, Henning (2022). *Ergebnisse der Lehrveranstaltungsbewertung für die eigene Lehrpraxis nutzen.* Aufgerufen am 08.05.2023 von https://www.uni-due.de/zhqe/handreichung_lvb.php.

Schulz, Frederick (2012). *Peer Feedback in der Hochschullehre hilfreich gestalten.* [Dissertation, Technische Universität Kaiserslautern]. Aufgerufen am 27.3.2023 von https://kluedo.ub.uni-kl.de/frontdoor/deliver/index/docId/3629/file/_PeerFeedback.pdf.

Schulz von Thun, Friedemann (2011). *Miteinander reden 1. Störungen und Klärungen: Allgemeine Psychologie der Kommunikation.* rororo.

Sclater, Niall; Peasgood, Alice & Mullan, Joel (2016). *Learning Analytics in Higher Education. A review of UK and international practice. Full report.* Jisc.

Seldin, Peter; Miller, Elisabeth, J. & Seldin, Clement A. (2010). *The Teaching Portfolio. Practical Guides to improved Performance and Promotion*. Jossey-Bass.

Shute, Valerie J. (2008). Focus on formative Feedback. *Review of educational research, 78*(1), 153-189. Aufgerufen am 27.3.2023 von https://myweb.fsu.edu/vshute/pdf/shute%202008_b.pdf.

Souvignier, Elmar & Gold, Andreas (2003). Lehrevaluation als Feedback für Lehrende: Entwicklung eines Fragebogens unter hochschuldidaktischer Perspektive. In Günter Krampen & Hermann Zayer (Hrsg.), *Psychologiedidaktik und Evaluation IV* (S. 129-144). Bonn: Deutscher Psychologen Verlag.

Thal, Jürgen & Vormdohre, Karin (2009). *Methoden und Entwicklung. Basismaterialien für effektiven und aktivierenden Unterricht*. Schneider Verlag Hohengehren.

Tietze, Kim-Oliver & Schulz von Thun, Friedemann (Hrsg.) (2010). *Kollegiale Beratung. Problemlösungen gemeinsam entwickeln* (Miteinander reden: Praxis). rororo.

UC Berkeley (o.J.) *Rubrics*. Aufgerufen am 11.01.2023 von https://teaching.berkeley.edu/resources/assessment-and-evaluation/design-assessment/rubrics.

Universität Leipzig (2018). *ONE MINUTE-PAPER – schnell & gezielt Feedback einholen*. Aufgerufen am 11.01.2023 von https://www.uni-leipzig.de/fileadmin/ul/Dokumente/09_Tipps_fuer_die_Lehre_One_Minute_Paper.pdf.

Van Knippenberg, Daan & Schippers, Michaéla (2007). Work Group Diversity. In *Annual review of psychology (58)*, 515-541. Aufgerufen am 27.3.2023 von https://www.doi.org/10.1146/annurev.psych.58.110405.085546.

von Queis, Dietrich (2012). Wie das Lehrportfolio nach Deutschland kam. Ein Rückblick. In Birgit Szczyrba & Susanne Gotzen (Hrsg.), *Das Lehrportfolio – Darstellung, Entwicklung und Nachweis von Lehrkompetenz an Hochschulen* (S. 17 – 25). LIT Verlag.

von Queis, Dietrich (1993). *Das Lehrportfolio als Dokumentation von Lehrleistungen – ein Beitrag zur Qualifizierung in der Hochschullehre*. Bundesministerium für Bildung und Wissenschaft.

von Queis, Dietrich (1994). Karriere durch Lehre – das Lehrportfolio zur Dokumentation der Lehrkompetenz. In Brigitte Berendt (Hrsg.), *Handbuch Hochschullehre. Informationen und Handreichungen aus der Praxis für die Hochschullehre* (Loseblatt Ausgabe). Raabe Verlag.

Watzlawick, Paul; Beavin, Janet H. & Jackson, Don D. (1969). *Menschliche Kommunikation*. Hans Huber.

Willert, Mandy (2018). *Feedback. Handreichung der Prüfungswerkstatt*. JGU Mainz, Zentrum für Qualitätssicherung und -entwicklung. Aufgerufen am 27.3.2023 von https://www.zq.uni-mainz.de/files/2018/08/7_Feedback-lernwirksam-einsetzen.pdf.

Zentrum für Schulqualität und Lehrerbildung (ZSL) (o.J.). *Gruppenarbeit*. Aufgerufen am 05.05.2023 von https://lehrerfortbildung-bw.de/st_if/bs/if/unterrichtsgestaltung/ methodenblaetter/gruppenarbeit.html.

Zierer, Klaus (2016): *Wichtiger als das, was wir machen, ist, wie und warum wir es machen*. Beltz Juventa.